―― 不老女神的美麗智慧 ――

# 趙雅芝的永恆優雅

沈念 著

樂律

*Timeless elegance*

從螢幕經典到生活典範，優雅的祕訣並不難！
趙雅芝背後的智慧，教你活出從容的美麗

▶ 任歲月流逝，她美麗依舊
▶ 任時光荏苒，她容顏不改
▶ 優雅造就美麗，始終保持初心

趙雅芝用她的堅韌與從容書寫人生智慧
跟隨她的步伐，學會成為最優雅的自己

# 目錄

前言　優雅，跟了她一輩子 ………………… 005

第一章　小荷才露尖尖角 …………………… 011

第二章　螢幕紅透上海灘 …………………… 029

第三章　轉戰臺灣，繼續成長 ……………… 049

第四章　傳世經典白娘子 …………………… 075

第五章　願得一心人，白首不相離 ………… 109

第六章　重返螢幕，英姿猶存 ……………… 129

第七章　人人想做趙雅芝 …………………… 143

第八章　不老女神趙雅芝 …………………… 169

附錄 …………………………………………… 199

目錄

# 前言
# 優雅，跟了她一輩子

　　1954年11月15日，趙雅芝出生於香港九龍半島。1973年，香港無線電視臺舉辦首屆「香港小姐」選拔，19歲青春亮麗的趙雅芝在媽媽的支持下參加了競選，經過緊張激烈的角逐，最終不負眾望，贏得港姐殿軍，並獲得「最上鏡小姐」的榮譽稱號。自此，正式踏入演藝圈，並於1976年參與演出許冠文的年度票房冠軍電影《半斤八兩》，擔綱第一女主角，獲得廣大觀眾的認同。

　　小荷才露尖尖角，趙雅芝在演藝圈的闖蕩可以說是順風順水、如有神助，1977年主演吳宇森電影《發錢寒》，令她成為年度票房兩連冠女影星，以24歲的年紀獲得了香港十大明星金球獎。

　　然而，讓她獲得更多觀眾注目及喜愛的作品，當數1992年與葉童等人合拍的《新白娘子傳奇》，她在劇中飾演溫柔多情的蛇妖白素貞。或許是趙雅芝本人端莊優雅的氣質太符合這個角色，如今仍有無數觀眾對這部經典念念不忘，趙雅芝亦成為人們心目中的女神，更有不少粉絲，親切地稱呼她為「芝姐」。

## 前言　優雅，跟了她一輩子

　　看看她，清新脫俗的外貌、端莊得體的舉止，一顰一笑之間，藏有無盡的人間風流。雅芝，雅芝，名字這樣取著，叫著，也便真的優雅和精緻了一輩子。

　　拍攝《新白娘子傳奇》時，趙雅芝已經 39 歲，這樣的年紀本身不算什麼，但是在新舊更替頻繁、競爭日趨激烈的演藝圈來說，卻已是危險的邊緣，考驗著女明星的容貌與身材。然而，39 歲的趙雅芝展現出驚人的氣質及美貌，她演出的白娘子角色深入人心，成為屹立不搖的螢幕經典。

　　如今，趙雅芝已 63 歲。看她參與錄製的電視節目，時而一襲白衣飄飄，宛若仙子；時而紅袍加身，莊重典雅，與人交談，處處透出優雅與高貴，比她年紀小的女明星紛紛向她請教：「雅芝姐，妳到底是怎麼保養的？」女星陳喬恩更是忍不住讚揚：「雅芝姐，妳好像是畫裡走下來的仙女，真是太美了。」

　　如果不是親眼看到，我也絕不敢相信，她竟然與我母親同年齡。白娘子的經典螢幕形象，成全了她的影視事業，而在現實生活中，她處處保持著女王般的優雅，讓所有人知道──美人，是可以當一輩子的。

　　幾乎沒有人不欽羨她優雅大方的氣質，相信也幾乎沒有人能對她的美麗保持冷靜。而她的典雅不僅僅是在螢幕上，在觀眾看不到的地方，她也很努力地熱愛著生活。

　　面對感情，既有令人信服的溫柔，也有令人敬佩的果敢。青

春懵懂時遇見一段失敗的婚姻，她能夠破繭成蝶，走向更美麗成熟的自己；和第二任老公結婚多年，感情依舊美好，夫妻雙雙出現在公眾場合，夫唱婦隨的恩愛形象，令人對愛情充滿嚮往。

她以女性獨有的智慧，優雅地嫁給了愛情，優雅地擁有了完美的人生，同時還是三個兒子的母親，永遠的漂亮媽媽。

優雅，這個被認為是讚美女性的最高級別的詞彙，成為趙雅芝形象的標籤。這種優雅不是誰定義的，而是當我們看到這樣一個完美無瑕的人，她所呈現出來的姿態，就能聯想到這個詞。早年的演藝圈生涯塑造了她頑強又果敢的性格，母親對她的教育則賦予她無懈可擊的高貴。優雅並不是因為她用了蘭蔻、倩碧、雅詩蘭黛，不是因為她擁有苗條的身材。優雅和聰明、智慧、堅強、幽默一樣，是發自內心的、深沉的力量。趙雅芝的優雅，是從她的內心深處散發出來，展現自她的表演、她的服裝、她的聲音，甚至簽名方式。無論我們對優雅的定義是什麼，她都將它具象化，透過她的笑容與指尖流露。

因為她的存在，我們才得以看見優雅。

一個女人的優雅可以展現在各方面，當她能夠將優雅運用自如，她本身便化作優雅。對待工作，趙雅芝是認真打拚的，雖然她已擁有演藝圈非常看重的美麗容顏，但是她更不忘付出努力。自從接拍第一部電影，她就告訴自己：「我一定竭盡全力去演好每一部戲。」這樣的精神，伴隨著她拿了一個又一個獎，終

## 前言　優雅，跟了她一輩子

於成就了她今日在演藝圈的地位；對待感情，她是果決而勇敢的，可想而知，以她的美貌，一定有不少人追求，但是面對情感的誘惑，她總能認清心中目標，果斷拒絕錯的人，果敢投入正確的人，不懼事業與婚姻可能出現的衝突；對待後輩，保持前輩應有的大度，不忘提攜新人，展現出難得的氣度；對待家庭，是一個優雅的妻子、負責任的漂亮媽媽；對待名利，始終視如過眼雲煙，內心保持著一份純淨，從不世故，從不留戀。她乾淨的面容上，看不到一絲的戾氣。

我一向對身處浮華世界的人不屑一顧，卻無法抗拒地崇拜趙雅芝，因為她不管走得多高、飛得多遠，始終不把自己放上神壇的位置，而是簡簡單單、平平淡淡地守護著一份演員的職責。聰慧如她，懂得守住純真的本質，才能守住為人的底線。

她還十分熱心公益。她知道很多觀眾是真心喜歡她，每每出現於公眾場合，總以高貴典雅的形象示人，面帶微笑，溫暖地回應每一個真心人。期待透過自己的努力，幫助更多的人獲得幸福——女神的稱謂，由此而來。

所謂女神，也並非得天獨愛、一生風光、不起波瀾，而是如趙雅芝這般，即便身處谷底，亦能爬出泥潭，積蓄能量，重新上路。

在這本書中，我們將向大家介紹趙雅芝的各方面——從衣著打扮到人生態度，以此來認知「優雅」的真正含義。趙雅芝是

不可複製的傳奇，我們寫這本書不是為了教導如何成為她，而是透過她的人生歷程，從一名女性的角度，試著去領悟女神為何能夠成為女神。

「卓越的老師是模仿」，任何人想要突破，朝著心中的偶像前進，第一步必定是模仿。從來都不是天生就會，需要後天努力，付出更多汗水。我們最終的目標是，讓大家透過學習趙雅芝的風格，找到專屬自己的風格。

我始終相信，優雅是一種強大的能力，美麗自己，亦美麗他人。願我們都能擁有優雅的生活，像趙雅芝一樣塑造完美人生。

前言　優雅，跟了她一輩子

# 第一章
## 小荷才露尖尖角

第一章　小荷才露尖尖角

## ● 綻放優雅：趙雅芝的人生軌跡

### 17 歲的趙雅芝

　　1954 年，趙雅芝出生於香港。父親經商，母親是位普通的家庭主婦，她是趙家的第四個孩子，上面有一個哥哥、兩個姊姊，下面有一個妹妹。

　　良好的家庭氛圍令她得以完全地釋放天性，無拘無束地成長。兒時的趙雅芝有些調皮，時常跟在一群男孩子身後嘻嘻哈哈，甚至爬樹、挖鳥蛋。別看她是個女孩子，在男孩堆裡卻一點都不示弱呢。趙雅芝從小就非常獨立自強，柔弱的外表下掩藏著陽剛的心性。

　　在學校裡，她活潑好動，唱歌、跳舞樣樣精通，即使面對比自己高一個頭的男孩子也絲毫不膽怯，架勢十足；生活上，則常常為朋友出主意，十足古靈精怪，做事非常有主見、有原則，遇事從不莽撞，善於思考。這種外柔內剛的性格，形成她獨有的個人魅力。從那一雙黝黑的靈動雙眸，便可窺見一斑。

　　在一個家庭中，父親對孩子成長的影響是顯而易見的。趙雅芝的父親是生意人，深諳人際關係，更懂得世事的險惡，因此他對幾個孩子管教得比較嚴格。對趙雅芝這個古靈精怪的女兒，父親在威嚴之外不免多出一份「溫情」。這種恰到好處的情

感拿捏,令趙雅芝從小生活在愛的天堂,內心自然充滿了陽光。

再說她的母親。如同任何一位典型的家庭婦女,母親給予孩子溫暖的母愛,用女性獨有的剛毅與溫柔,稱職地守護著家庭,無私地奉獻著自己的一切。從母親身上,趙雅芝領略到的是女性的優雅、大度與寬容,雖然那時候她還小,但是生活在母親身邊,耳濡目染,純潔的心靈亦有那麼一絲智慧的領悟。毫無疑問,趙雅芝的母親是充滿智慧的,她知道女兒喜歡跟男孩一起瘋玩,不但沒有阻止,反而鼓勵女兒要多跟人品好、懂禮貌的男孩子交朋友,在課業上虛心向人請教,跟男孩們一較高下,讓他們知道,女孩子也可以做得很好。但是這並不意味著,這位母親對女兒的管教就很隨意。相反地,還在少女時代,趙雅芝的女神氣質就已初顯,身材窈窕,大氣端莊。如今的趙雅芝常說,一切歸功於她的父母,因為母親總說「坐有坐相,站有站相,吃飯要有吃飯的樣子」。她的優雅,是習慣形成的自然。當然也是她自己懂事,不然,我媽也是這麼要求我的,為什麼我還是長歪了呢?

就是在這樣的氛圍下,趙雅芝終於成長為一名堅強獨立,做事有分寸、有主見的女孩。

1971年,17歲的趙雅芝已經出落得亭亭玉立,落落大方。她順利地完成學業,於香港天主教崇德英文書院畢業。

正如我們每個人都在回憶裡保存著曾有的青春韶光,趙雅

## 第一章　小荷才露尖尖角

芝在崇德書院的時光非常快樂，如今也成為人生最明媚的回憶：「每當我的車子將途經元朗時，心中便有一種莫名的衝動。當我的目光接觸到那三層高的新校舍，那聳然屹立在旁的天主堂，我禁不住望了又回望，眷戀著那度過了八年光景的母校，一幕幕校園生活在腦海中輕輕地掠過。」

我們會對一個地方產生感情，是因為我們曾在那裡度過了最天真無邪的時光。校園裡的桌椅、校園的操場、操場上的籃球……那曾經承載了青春年華的黑板、那曾經罰站的教室走廊、那一陣陣縈繞在耳旁的琅琅讀書聲……每當經過，就彷彿和17歲的自己對話，即使什麼都不說，只是這樣淡淡地笑。

學生時代的趙雅芝最喜歡打籃球，也曾為了痛痛快快地玩，帶領一群女生跟男生搶地盤。穿著校服的她，一臉的稚嫩，卻像個「大姐大」一樣，當仁不讓地為自己的同學爭領地。好幾次，男生被她認真的樣子逗樂，紛紛敗下陣，將場地拱手相讓。趙雅芝和朋友們歡樂地打著、鬧著，盡情地分享這勝利的果實。在她的性格裡，有十足堅韌的一面——或許也正是這樣的性格，支撐著外表柔弱的她，在風雲變幻的演藝圈「屹立」至今，直到現在還深受歡迎。

最重要的是，崇德中學校風嚴謹，「在學校檢查裙子時，女生們都要跪在地上，裙子碰到地板才算及格。長頭髮的女孩就一定要紮起辮子。紮辮子要用顏色一樣的蝴蝶結，不能太花俏……」

在這種嚴格的教育環境下，趙雅芝被訓練出優雅得體的儀態，所以她自己才說：「其實，真的沒有去刻意做得優雅。我從小就習慣了。」

如果有機會到崇德書院，請循著乾淨整潔的樓層，一路來到新校舍三樓最左邊的一間教室，那便是趙雅芝上國中時就讀的教室。這一帶遠離嘈雜，環境清幽，是讀書思考的好地方。在樓下的操場走路，幾步便是一株喬木，空氣清新，格調雅致且寧靜，這裡的環境所賦予的優美氣質，同樣完美地展現在趙雅芝身上。

年華匆匆，儘管她很喜歡在課堂裡讀書的生活，卻很遺憾地未能步入大學。從崇德書院畢業後，17歲的趙雅芝開始走向社會，而此時還沒有人知道，在她的身上，將演繹出怎樣的傳奇。

## 參選香港小姐，「無線」出發

高中畢業，站在人生十字路口的趙雅芝，因為夢想要環遊世界，又正巧日本航空公司在香港應徵空姐，經歷層層選拔，她如願成為一名空姐。

1973年，香港無線電視臺舉辦首屆「香港小姐」選拔。媽媽看到消息後，堅決支持19歲的趙雅芝前往參加，用她的話說：「失敗了也無所謂，就當多學習一點東西」。在媽媽的支持下，

## 第一章　小荷才露尖尖角

趙雅芝參加了競選。經過緊張激烈的角逐，這場奉行「美麗與智慧」並重的大賽，她最終獲得了殿軍（第四名）。

1970年代的香港雖已風氣漸開，但是「選美」對於一般人來說，仍屬於嶄新的事物，況且這又是第一次舉辦如此隆重的選美活動，主辦單位為了提高收視率，特別設定「泳裝秀」橋段，一時引發許多爭議。

對於從小接受嚴格教育的趙雅芝來說，尤其不易，她一想到自己要穿著泳裝站在舞臺上，接受異性評審和全體男性觀眾的審視，難免有些害羞。在比賽前，她的清麗容貌、姣好身姿，一度被很多人認定必是這屆香港小姐第一名。然而究竟為何只落得第四名，趙雅芝自己如此解釋：「穿泳衣回答司儀問題時，我感到好緊張，司儀問了一個我不大熟悉的時裝問題，因過度緊張，一時間回答得不大理想。」

19歲的她，顯然還不能完全駕馭優雅。但是正如母親所言，透過這次參賽，趙雅芝學到不少東西，對外面的世界也有了更多的認識。

一般來說，贏得香港小姐殿軍也算風光，像她這樣身材好、長得又美的女孩，應有不少影視公司邀請她演戲。但是參選完港姐之後，她卻意外地選擇繼續做空姐。這個消息不脛而走，當時很多觀眾為她惋惜，都說她錯過了一次入行的最佳機會。但是他們不懂趙雅芝的心，比起藉著「香港小姐」的身分轉行做

演員，在演藝圈被人議論，空姐是比較安全的選擇。她一向溫婉和氣，從未打算讓自己陷入紛爭、成為焦點，點燃一團戾氣。況且，這番亮相，幾乎全香港的人都認識了她，倘若真的有合適的角色，也終究會來找她的。

但是命運和她開了一個玩笑。回去擔任空姐沒過多久，她發現自己生病了，「很嚴重，醫生有試著開藥給我，也沒辦法解決。」一張臉優雅地笑著，繼續說：「我一上飛機就開始犯睏，腦袋裡昏昏沉沉，一直會睡，甚至一度昏迷。」沒辦法，她試了很久，一直未能解決這道難題，只好辭去空姐的工作。直到現在，趙雅芝仍坦言自己不能長途飛行，除非家裡有重要的事情。

出了名後，TVB（香港電視廣播公司）找上門，邀請趙雅芝擔任節目主持人，辭職的她一時也沒有新想法，就這樣一腳邁進了演藝圈。很多人喜歡她那招牌的溫婉笑容，出名之後曾有記者問她祕訣，趙雅芝笑說：「當時我剛剛從學校裡出來，哪裡經過這樣的場面？我沒有上臺的經驗，化妝也不是很懂，才剛開始學習怎麼樣走臺，所以怯場什麼都有。導師告訴我，妳要保持笑容，這樣別人就不會感覺妳緊張。所以一直到現在，我一緊張就笑，別人就看不出來了。」

此後，這樣的笑容，一直延續到她演出多部戲劇的多個角色之中：《上海灘》裡清麗端莊的馮程程、《戲說乾隆》裡明媚灑脫的程淮秀、《新白娘子傳奇》裡風姿綽約的白素貞……她的一

## 第一章　小荷才露尖尖角

顰一笑,使她光芒萬丈,讓她在快速更迭的演藝圈,屹立數十年不倒。而這一切,她只有一個祕訣:「溫婉其實很難演,要讓人覺得自然,而不是做作。」她的每一個角色,都是她自己,而非演出來的。

在TVB,趙雅芝最初做幕後工作,半年以後,才開始進入臺前,主持一檔競猜遊戲節目《心大心細》。這是一個長期的遊戲節目,臺詞也都差不多,但是考驗主持人的時間掌控能力和隨機應變能力,一名合格的綜藝節目主持人,要能引領來賓發言、控制整個錄製的時間,還要學會掌握來賓的情緒⋯⋯對於聰慧的趙雅芝來說,這份工作雖不算挑戰,卻嚴重束縛了她在職業上的發展。

像她這樣貌美的年輕女孩,倘若不去拍戲,實在有些可惜。當時正值TVB發展的巔峰時期,趙雅芝很快轉為演員,參演一系列電視劇。

演戲是很辛苦的工作,需要24小時待命。況且剛進圈子,很多時候都要看人臉色行事,身體吃苦是小事情,難熬的是精神上也頻繁地遭遇打擊。很多時候,明明輪到拍你的戲,卻因為劇組、導演或其他演員有別的調整,一天就白等了。耗在劇組的經歷,鍛鍊了趙雅芝的耐性。好幾次,因為要趕戲,演員都回不了家,大家就在劇組臨時搭建的帳篷裡休息,有時竟然忙到連著幾天無法洗澡──這對愛美的女孩來說,是不小的考驗。

但是趙雅芝堅持了下來,並且沒有絲毫的怨言。

也算她幸運地趕上了好時機,公司為她簽的角色,都非常符合她的個人氣質,而與她配戲的女二角,也都是大配角;男演員則有周潤發、呂良偉、鄭少秋、劉松仁──都是後來的風雲人物。趙雅芝在演藝圈的路,就這麼發展起來了。

## 電影處女作《半斤八兩》

《乘風破浪》是趙雅芝的電視劇處女作,電影處女作則是由許冠文自編、自導、自演,許冠英、許冠傑兄弟聯合演出的電影《半斤八兩》。

本片講述了許氏三傑扮演的吝嗇老闆、厲害員工、呆傻員工共同經營的私家偵探社所經歷的一系列芝麻小案,包括跟蹤婚外情、追債、對付搗亂者、抓小偷等等,劇情詼諧搞笑,最後以員工大破搶劫集團,榮升偵探社合夥人為結局。

趙雅芝在電影中扮演許冠文偵探事務所的一位女祕書,角色要求她務必幹練、優雅、大方,過去的空姐工作經驗,無疑在這方面帶給她很大的幫助。祕書這個角色,等於是主管的「門面擔當」,首先要長得漂亮、氣質出眾,擔任接待訪客的工作,當然也要識大體,嘴巴要甜。

作為第一部電影,趙雅芝無疑十分努力,由她所飾演的年

## 第一章　小荷才露尖尖角

輕女祕書，活潑、可愛，稚氣未脫，言語之間又有伶俐的俏皮感——現在回頭看她這個時候的樣子，也能幫助她的粉絲們對她多一層認識，就像穿越時空，和當年的阿芝面對面。

另一方面，也不能忽略這部電影的核心概念——喜劇電影。

香港喜劇電影自成一派，與功夫電影一樣，是世界影壇的兩朵「奇葩」。1970年代，許氏兄弟的搞怪喜劇影響很大，至今仍堪稱不朽的傳奇。《半斤八兩》是香港喜劇電影歷史上非常經典的一部作品，獨特而深刻地展現了香港的草根文化。

說起許氏兄弟的成名，那是一部艱苦奮鬥的歷史，若是真的要細細品鑑，恐怕三天三夜也說不完。許冠傑最早曾從事過很多行業，街頭賣貨、家庭老師，也做過廣告。他雖然曾在音樂上展露才華，卻一直未見起色；許冠英同樣熱衷電影表演，經常很努力才能跟導演爭取到一些小角色，一直也沒有出人頭地的機會。這樣的困窘直到1971年，TVB電視臺的橫空出世，改變了三兄弟的命運。

許冠文和許冠傑合作的節目《雙星報喜》，由於古怪搞笑，內容貼近草根，一夜之間紅遍香江兩岸，兩兄弟也成為香港赫赫有名的電視明星。之後，許冠文演出大導演李翰祥的電影，在《大軍閥》中擔綱男主角，自此走上搞笑的道路，自成一派，一發不可收拾。到現在，每次我看到《神鵰俠侶》中的老頑童周伯通，還能幻想出幾分許冠文的身影。許冠傑開始在樂壇走紅，創

作出一首首膾炙人口的好歌，〈滄海一聲笑〉、〈浪子心聲〉、〈沉默是金〉（後被歌壇巨星張國榮先生重新演繹）……而這部電影的同名曲〈半斤八兩〉，更是留住了一代港人的城市記憶。

我第一次聽這首歌的旋律，就喜歡上它了。後來看了歌詞才知道，是描寫城市中基層人群謀生奮鬥的故事，或許正是因為這樣的內容，有人說它通俗貼切，有人說它積極勵志。而我覺得它最難得的地方，在於雖然寫的是基層人們辛苦謀生的辛酸，旋律卻並不悲傷，反而有一種小人物自嘲和堅信自己會成功的勇敢！

看它的歌詞：「我們這群打工仔，到處奔波簡直是折磨腸胃，賺那麼少錢到月底少得可憐……」現在你知道它很紅的原因了吧！

總之，許冠傑成了聞名香港樂壇的著名歌星，後來更成為粵語歌的開山鼻祖。到現在，有這麼多人喜歡粵語歌、學廣東話，其中也有許冠傑前輩的功勞。而最小的弟弟許冠英，也透過自己在影壇的摸索磨練，順利成為著名的丑星。

他們三人一起拍了很多經典電影，代表著香港電影和音樂的一個時代。

在許氏先後拍攝的五部電影中，《半斤八兩》是最受好評的一部。如果你看過，一定能記得它的基調：獨有的港式幽默橋段層出不窮，故事情節環環相扣，人物性格迥異，音樂也非常好聽。許冠文曾說：「觀眾進電影院就是要看些這輩子沒看到過

第一章　小荷才露尖尖角

的東西。」所以在這部電影中，你能看到搞笑的電影院打劫、商場捉賊等歡樂的橋段。更重要的是，這部電影對細節的處理令人稱讚，比如許冠文自製的防賊錢包、許冠傑的蘿蔔放屁等等。三兄弟各取所長，分別施展出自己的性格魅力，賦予劇中人物活靈活現、形態各異的表演。你或許會喜歡許冠文的冷面詼諧、或許會偏愛許冠傑的高大威猛，或者是許冠英的傻裡傻氣。當然，更少不了趙雅芝的完美演出，雖然她在這部電影裡的臺詞很少，卻永遠將22歲的美好留在其中。

《半斤八兩》於1976年12月16日在香港公開上映，一舉獲得香港年度票房冠軍，後又在日本等海外市場上映。雖然趙雅芝對本片的貢獻有限，但是因為她對祕書一角的完美掌握，為她爭取到更多的演出機會。

一顆紅星，就要冉冉升起嘍。

## ● 練習優雅：跟趙雅芝學做優雅女人

### 經常保養皮膚，素顏也很美

趙雅芝可以順利當上空姐，後又幸運地成為「香港小姐」殿軍，自然跟她那一張面若桃花的臉頰分不開。

一張乾淨紅潤的面孔，即便不施粉黛，也能令人留下非常美好的印象。趙雅芝是一個非常注重外表的人。她曾多次在社群媒體上向廣大粉絲分享自己的美容祕笈。看她如今依舊動人的臉龐，我們就知道，她確實保養有術。

　　這張臉究竟有多重要？俗語說：「與人見面，第一印象很重要。」第一印象，首先看到的一定是對方的臉。在日常生活中，五官和皮膚帶給人的印象是最直接的，而皮膚的好壞，通常在相當程度上決定了留給別人的第一印象是好還是壞。

　　良好的膚質可以幫助人在社交生活中建立完美的第一印象，反之，則會留下很差的印象。那麼，如何擁有完美的素顏呢？

　　首先，要注重皮膚的清潔問題。趙雅芝在分享自己的護膚祕笈時曾說：「洗米水可以洗掉臉上多餘的油脂，令肌膚保持清爽乾淨。」平常化妝的女孩，更要認真做好卸妝工作，不能偷懶，不管多晚，都要認真清除皮膚表面的汙垢。

　　平常注重皮膚的保溼和防晒，尤其針對痘痘肌膚來說，防晒必不可少，不要在太陽下曝晒。

　　其次，要保證自己健康的作息規律，千萬不能熬夜。熬夜不僅傷身，也會妨礙身體正常的新陳代謝，導致身體內的毒素不能及時排出體外、老化皮膚。趙雅芝說，她不管多忙，都會儘量讓自己保持充足的睡眠。女生唯有睡眠充足，才能有好氣色，面色才能紅潤健康。

## 第一章　小荷才露尖尖角

再次，保持微笑，保持一種樂觀積極的心態。凡事不要焦慮，少生氣。生氣會使女性迅速衰老，令容顏失去健康的活力。最後，適當吃一些當季的水果和蔬菜，補充身體所需要的各種營養。

最重要的一點，特別嚴重的肌膚問題一定要及時就醫，不要相信網路上的民間祕方。要學會對自己的身體和皮膚負責，相信執業醫師的建議。

肌膚的保養不是一蹴而就的，而是一個長期的過程。在清潔和保養的過程中，一定要有足夠的耐心，認真、正確地護理肌膚。

### 愛笑的女孩，運氣都不會太差

趙雅芝坦言，自己參加「香港小姐」選美時，還只是一個19歲的少女，什麼都不懂，能夠幸運獲得殿軍，靠的是總是保持著微笑的臉龐。

俗語說：「愛笑的女孩，運氣不會太差。」微笑是這個世界上最簡單的動作，嘴角微微上翹，形成一個彎的弧度，這樣一個簡單的動作，卻可以帶來春風化雨般的溫柔，令人魅力大增。

女人的微笑，則更美麗，同時也是一種教養和涵養的展現。一個女人，也許她不是美若天仙，但只要露出一個輕鬆簡單的

微笑，就會讓人心曠神怡，賞心悅目。

想要露出迷人的微笑，首先要有一副整齊的牙齒。專業術語說：「微笑時，露出八顆牙齒是最標準和完美的。」若是掌握不到要領，可以對著鏡子，自行練習；同時，保持牙齒的潔白與美觀也是很重要的事。

其次，請儘量多練習微笑。趙雅芝在進入演藝圈之前擔任過空姐，這個行業對微笑有著非常高的要求，在練習時，她們會在嘴裡咬著一支筷子，如果想要擁有甜美的笑容，也可以參照此法進行練習。

最後，要發自內心地笑。你的笑容，一定程度上展露你的心境。一個奸詐的人，沒辦法擁有迷人的微笑。世界名模辛蒂‧克勞馥（Cindy Crawford）曾說：「出門的時候如果忘記了化妝，最好的補救辦法就是亮出妳的微笑。」由此可見，微笑有時甚至是比化妝品更好用的武器。

生活中有時順境，有時逆境，在面對逆境時依然能夠保持微笑的人，內心是強大的。這樣的人，不懼風雨，給予人安全感。微笑，雖然不能改變生活的現狀，卻可以改變面對生活時所持的心境。一個積極、樂觀的人，一定是愛笑的。面對困難，請給自己一個自信的微笑。

趙雅芝的笑容甜美又溫婉，令人留下了深刻的印象。她之所以會成為大家心目中公認的優雅女神，正是因為她有一雙愛

第一章　小荷才露尖尖角

笑的眼睛、一張愛笑的嘴巴。

時常微笑，別害怕微笑令人衰老、長出皺紋。它能使妳的心態更加年輕，讓妳更加美麗動人。

## 愛惜妳的頭髮，擁有一頭烏黑亮麗的秀髮

擁有一頭飄逸柔亮、光澤柔順的秀髮是每個女人的夢想。趙雅芝就有一頭烏黑亮麗的秀髮，不管是她所扮演的角色，還是她站在舞臺上的時刻，我們都為那頭秀麗的長髮所折服。

女人有多疼愛她的秀髮，反映了她疼愛自己的程度。印象中，很多女性在懷孕或是生了小孩後，因為頭髮難整理，都會選擇把長髮剪掉，但趙雅芝，即便在懷孕期間，依然頂著一頭烏黑的秀髮。

想要護理好頭髮，首先要了解自己的髮質。油性的頭髮需要勤洗頭，乾性的頭髮需要加強營養。也可以透過食補來改善髮質，平時可多吃一些堅果和綠色蔬菜，堅果和綠色蔬菜中富含豐富的蛋白質和維生素，可以修復損傷的頭髮，讓秀髮更加亮澤。

梳髮時，不要太過用力，可用梳子從髮尾梳至髮根，漸次梳通所有頭髮。

洗髮時，要正確使用護髮素，輕輕地塗抹，使它在頭髮上形成一層光滑的表面，使頭髮摸起來順滑、柔軟。可選用富含氨

基酸的洗髮精，能在一定程度上改善毛糙、乾枯的髮質。

選用效能較好的負離子吹風機，吹髮時一手持吹風機，一手用梳子梳理頭髮，逐步吹乾。

洗髮後，不要溼髮睡覺，以免加劇頭髮的磨損，出現掉髮甚至斷裂的現象。

如果想要有造型，也可以自己買 DIY 捲髮棒。

如果想染髮、燙髮，至少應間隔半年以上。

## 訓練出優雅的體形和姿態，釋放女性魅力

法蘭西斯・培根（Francis Bacon）曾說：「相貌的美高於色澤的美，而秀雅合適的動作美又高於相貌的美。」儀態是一種無聲的語言，它傳遞著一個人的內在氣質和修養。

趙雅芝就是女性中優雅的代表，她的一顰一笑、舉手投足，都深深地烙印上優雅的刻章，成為她有別於其他女性的明顯特徵。

趙雅芝也曾說，她小時候的家教很嚴格，母親從小就要求她「站要有站相，坐應有坐相」，而優雅對她來說，正是從小密集訓練的結果，到如今儼然成為一種習慣。

她擔任空姐的兩年，又進一步訓練出優美的體形和姿態，因而得以從「香港小姐」的選美中勝出。我們可以透過以下幾個方面來訓練體形和姿態：

## 第一章　小荷才露尖尖角

　　首先是坐姿。端正優雅的坐姿既有益於身體健康，也可以展現出迷人的風采。就座時，背部挺直，腹部收緊，使重心落在骨盆處，切忌蹺二郎腿，這樣會使骨盆變形，極容易引起女性腹部肥胖，破壞身體的曲線。

　　其次是站姿。常見的錯誤姿勢是駝背，其日常表現有頭往前伸、頸部深曲、圓肩等，駝背既影響個人形象的美觀，也容易導致肩部痠痛。可以透過背牆站立調整姿勢，站立的時候，打開雙肩，肩胛骨下沉，雙腳保持與肩同寬，使後腦勺、脖子、肩膀、屁股在同一條水平線上，雙腿保持穩定。堅持下去，一定可以改善駝背的狀況。

　　如果有時間，可以學習一門舞蹈。舞蹈是改變形體的最佳選擇。舞蹈可幫助女性挺拔身姿、舒展雙肩，練出優雅的氣質。除了舞蹈，也可以選擇健身操、瑜伽等室內運動。

　　除了以上這些，我們在公共場合，一定要注意自己的儀態。要保持端正優雅的姿態，注意個人衛生，不做猥瑣、邋遢的小動作，如挖鼻孔、挖耳朵、隨地吐痰等。

　　在餐廳用餐時，應注意端正身體，要細嚼慢嚥，不要把手臂隨意墊在桌子上，以免筷子碰到別人，保持良好的吃相。

　　保持良好的儀態和身姿，不但可以幫助自己獲得健康美好的身體，更能令別人留下美好的印象。

# 第二章
## 螢幕紅透上海灘

## 第二章　螢幕紅透上海灘

## ● 綻放優雅：趙雅芝的人生軌跡

### 1977年《楚留香傳奇》：初露鋒芒

「香港小姐」選美比賽結束後，以殿軍身分進入無線電視的趙雅芝，因為錯失前三名，一直沒有得到電視臺的重視，甚至經常連演配角的機會都沒有。直到1977年，她才得到了演出《楚留香傳奇》的機會，驚聞男主角是當時的當家小生鄭少秋，而她要飾演楚留香的情人蘇蓉蓉，趙雅芝的內心既驚喜又忐忑。

其實，她的內心一直在等待一個角色，一個可以證明她不只是花瓶的角色。蘇蓉蓉一角的出現，正合她意。

根據古龍小說中對蘇蓉蓉的描寫，此女子身段婀娜，容顏俏麗，是一位剛柔並濟、英氣逼人的俠女，最擅長的本領是治病救人、迅速易容，以及配製讓人肝腸寸斷的劇毒，是楚留香三位紅顏知己中最令他心儀的一位。

蘇蓉蓉冰雪聰明且善解人意，每一次都在楚留香遇難時出現，助他排憂解難、逢凶化吉，也難免成為香帥的最愛，他曾對人言：「我可以什麼都沒有，但是如果沒有蓉蓉，我就真的不知道應該怎麼辦了。」

而趙雅芝身形俏麗、秀外慧中，23歲的她簡直就是活生生的蘇蓉蓉翻版。果然，儘管這部電視劇集結了全電視臺的菁英，

甚至包括汪明荃這樣的「一姐」在內，依然沒有誰能遮擋住趙雅芝所飾演的蘇蓉蓉的風采。這部影視史上的經典之作，在香港首播時即引發萬人空巷的熱潮，在臺灣甚至取得高達70％的收視率，至今無劇超越。

而趙雅芝也憑藉此角，迅速走紅，成為臺灣人心目中無可替代的蘇蓉蓉。

作為一部單元劇，這部電視劇每一集都有一個故事，也有不同的角色出現。趙雅芝所飾演的蘇蓉蓉出現在《楚留香傳奇——鐵血傳奇》（血海飄香、大沙漠、畫眉鳥）中，與香帥發生了一系列的感情故事。

在古龍的筆下，蘇蓉蓉是個謎一樣的女子，「無物結同心，煙花不堪剪」，蘇蓉蓉一出場，就帶著一股清新脫俗的意味，而這樣靈動秀麗的女子，內心深處卻也藏滿謎題，她並不只有外表的絢麗，更有豐富的內在。直到最後，古龍先生也沒告訴我們，她究竟是不是神祕的蘭花先生。

但是這又有什麼關係呢？蘇蓉蓉一出場，其他兩位女性就變得黯淡許多，較之宋甜兒的嬌俏、李紅袖的沉靜，蘇蓉蓉更多了一身絕妙的醫術和化腐朽為神奇的易容本領。變幻莫測之間，也令人們對她與香帥的感情產生疑惑，「莊生曉夢迷蝴蝶」，痴痴傻傻，反反覆覆，竟也分不出誰是莊生、誰是蝴蝶，但是終究知道，這正是她的魅力所在，參不透的，才最迷人。

## 第二章　螢幕紅透上海灘

古龍是一個江湖浪子，所以他筆下的男子，也有著浪子的特質。縱然留戀紅塵俗情，卻仍然要為命運買單，與紅顏揮手告別，浪跡一生。這樣的浪子，哪怕再迷戀一個女人，心也難屬於她。對蘇蓉蓉，同樣不例外。只是她比其他女人多了那麼一絲聰慧，可以在他離開的時候等待，在他回來的時候陪伴，能夠做到這樣的痴心，接受這樣的委屈，並不容易。

或許男人都需要這樣的三個女人：一個對江湖上的事瞭如指掌，是他的軍師和參謀；一個能做出天下名菜，是他的味蕾管理師；最後一個則柔弱多病，不食人間煙火，令他付出對一個女人的全部柔情。

楚留香這樣的浪子，一生會愛上很多女人，但是永遠只有那麼一個，是可以長存於心底的，這個女子，便是最能懂他的蘇蓉蓉。世間的人們都說，嫁給愛情，不如嫁給懂得；一代傳奇才女張愛玲也說：「因為懂得，所以慈悲。」要理解一個人，實在太難了，正如那句「斯人若彩虹，遇上方知有」，而這份相遇，卻是要拿一輩子的緣分去換的，所以楚留香，愛極了這個懂他的女子，無怨無悔。「曾因酒醉鞭名馬，生怕情多累美人。」大概沒有男子不喜歡這樣通情達理的女子吧。

《楚留香傳奇》大紅之後，古龍親任編劇，為鄭少秋再操刀兩部楚留香系列電影——《楚留香之大結局》和《午夜蘭花》，並且拍攝了1984版《楚留香新傳》四部以及後來的1995版《香

帥傳奇》。

　　風流瀟灑的楚留香，以盜寶絕技聞名天下，但是他盜寶只為救難救貧，故被尊稱為「盜帥」。他縱情四海，時有美人在側，坐擁三大紅顏知己，其中又以趙雅芝扮演的蘇蓉蓉最為憐愛。楚蓉之戀令人唏噓不已，趙雅芝與鄭少秋也結下了深厚的友誼。

　　如今，年華老去，世間再無香帥，蘇蓉蓉一角，亦成經典。

## 1978 年《倚天屠龍記》：別樣周芷若

　　憑藉蘇蓉蓉一角走紅香江的趙雅芝，不再是那位不起眼的選美女主角，而開始有更多人找她合作。1978 年，無線電視臺開拍古裝大戲《倚天屠龍記》，非常適合扮演古裝角色的趙雅芝，順利地在這部戲中演出周芷若，雖然這個角色並非女主角，而她也不是電視臺力捧的對象，但周芷若這個角色還是給了趙雅芝很大的發揮空間。

　　我們這一代的人當然很少看這個版本的《倚天屠龍記》，這部金庸的經典翻拍劇，幾乎每翻拍一次，都能捧紅幾個新人。我們這個時代，印象最深刻的是黎姿版本的趙敏或高圓圓版本的周芷若。但是不管怎樣，我們都知道，那個愛著張無忌的周芷若，一開始是善良柔弱的，直至命運的推波助瀾，將她變成一個陰險毒辣的蛇蠍婦人。

## 第二章　螢幕紅透上海灘

　　而趙雅芝就將這個「精神分裂」的過程，演繹得淋漓盡致。她既有外表柔弱的一面，內心又很堅韌，所以演出這種變化，並不生硬。經由周芷若這個角色，觀眾進一步認可了她的演技，這部戲讓她在香港聲名大噪，扶搖直上，躍居一線，成為炙手可熱的新晉花旦。

　　據說，在香港拍過的三個電視版本的《倚天屠龍記》中，金庸本人也最喜歡這個版本。雖然放在今天來看，因當時的條件有限，拍攝的電視劇場景粗糙、鏡頭單一，但是它仍然成為香港本土的經典劇目。

　　天性活潑的趙敏由電視臺當家大花旦汪明荃飾演——不得不說，年輕時的汪明荃，神采飛揚，眼睛黑亮，身上自有一股巾幗不讓鬚眉的幹練氣質，十分符合趙敏這個角色。她在劇中的表現非常出色，博得觀眾的滿堂喝采！而飾演張無忌的鄭少秋，一貫的風流多情，憑著俊朗的外表和扎實的演技，演活了風流不羈的明教教主。

　　或許因為演員的表演到位，金庸曾對此版本大加讚賞。能夠得到原著作者的褒獎，想必年輕的阿芝也很開心。但是這個版本與其他版本不同，它的結局是個悲劇，因為趙敏死了，電視劇最後一集，發現自己深愛之人竟是趙敏的張無忌，無比孤獨而又淒涼地獨自對著佳人的墳墓哭泣，想來也是悲涼。

　　至於為什麼一定要「拍」死趙敏，據說那個時代的觀眾都喜

歡悲情劇，迷戀悲劇性的收尾。這倒不免讓我想起1970、1980年代風靡的瓊瑤劇，幾乎個個走的都是悲劇路線。

值得紀念的是，這部劇是無線電視臺翻拍的第二部「金劇」，由於播出效果甚好，金庸很快就和無線展開了一系列的合作。這部劇成功到什麼程度呢？有網友形容：「是最貼合原著的版本。」

最值得誇讚的還是趙雅芝。當時，她剛剛進入演藝圈不久，沒有太多的演藝經驗，卻跟一群「大咖」過招，絲毫不膽怯，並且充分發揮了自己的長處，將周芷若這個角色詮釋得淋漓盡致，被網友稱讚為「簡直就是從原著裡走出來的」。

這個版本的音樂也很好聽，香港有名的才子黃霑填詞，鄭少秋演唱，這種氣質如今已是很難找到了。「情義繞心中有幾多重，仇恨又卻是誰所種，情愁兩不分，愛中偏有恨，恩怨同重……」鄭少秋沉沉的聲線，唱出一曲江湖遠去的意味，聽這首歌，那個年代的回憶彷彿一下湧了進來。張無忌的懵懂、趙敏的瀟灑、周芷若的溫柔、蛛兒的活潑、小昭的靈動……這一個男人與四個女人的一部戲，也在歌曲中漸漸唱出了意蘊。

雖然有時代的局限，這部劇的情節較為單一，畫面也不夠清晰，甚至人物的服裝都很簡單，幾乎算不上養眼，然而那個時代的美人，是真正的美人，略施粉黛，一顰一笑都帶著一股生動，好像隨時能跳出螢幕，走到我們的生活中。

我或許是個老人家，明明出生在1980年代，卻偏偏喜歡這

一版的《倚天》。當時的趙雅芝，清麗脫俗，渾身洋溢著一股小女兒的風情，將周芷若演得狠毒中帶些可憐，讓人既恨又同情。

望著她那一雙烏溜溜的大眼睛，很難想像當時的趙雅芝，才只有24歲，才走進演藝圈不到五年。最適合古裝扮相的她，幸運地遇到了古裝戲的黃金時代，為我們留下了經典的周芷若。

## 1980年《上海灘》：永遠的馮程程

1980年，一部民國愛情槍戰大戲《上海灘》橫空出世，迅速風靡整個亞洲。這部劇不但捧紅了周潤發，也讓趙雅芝成功躋身無線電視臺四大當家花旦（其他三位分別為當時風頭正勁的汪明荃、李司棋、黃淑儀）之列。從那個時候起，趙雅芝成為家喻戶曉的「馮程程」。

這部《上海灘》風靡到什麼程度呢？有網友回答：「據說這部電視劇熱播之後，不少父母將自己剛出生的女兒起名叫『程程』。我有一個同學就叫『程程』，於是乾脆大家都叫她『馮程程』。」就連我的表妹，本名根本也不叫程程，卻因為姓馮，也為自己取名叫「馮程程」。還有網友在網上發文徵集：「你們也有認識的人叫『程程』的嗎？」

我猜想，當時很多女孩都希望自己是馮程程，都希望自己能嫁給那個許文強。

按理說《上海灘》講的是名利場，是一部完完全全的男人戲，隨著那首讓人心情澎湃的旋律「浪奔，浪流」，一場夾帶著名與利、英雄血淚的好戲正式開啟。但是這「硬」的男兒本色之中，因為有了馮程程這個角色的出現，使它增添了一抹花的柔嫩與香氣。她就像一株盛放在男人堆裡的白百合，那麼純潔無瑕，玲瓏剔透。

因此，當趙雅芝扮演的馮程程以一襲俏麗的黃衫出現時，槍林彈雨、沾染血腥的上海灘也似乎一下子變得風情萬種，安靜許多。古詩〈西洲曲〉中寫：「單衫杏子黃，雙鬢鴉雛色」，大概就是描寫這種江南女子特有的柔美。

她出身豪門，身上有些名門小姐的嬌氣，但是骨子裡卻堅忍頑強，不會因為外力改變自己的初衷。還是學生的她，綁著兩條烏黑的辮子，她是善良且單純的，眼裡容不下一絲的雜質；當她畢業後，跟許文強摩擦出難忘的火花時，她又是清醒而堅強的，深諳自己想要怎樣的未來。

這種女人是伶俐的，更是惹人心疼的。

許文強似乎是她命中注定要遭受的情劫，一如初遇楊過的郭襄，那是一個只需一眼便注定要為之淪陷的男子，愛上了，就再也不管不顧。當他像個英雄一樣挽救她，又風度翩翩地將大衣披在她柔弱的肩膀時，她的心，便再也離不開。

馮程程愛上一個人，就像是我們第一次去愛別人。那種愛，

## 第二章　螢幕紅透上海灘

可以不顧一切,甚至犧牲生命也在所不惜。她認定了他,不管他的處境有多危險、父親有多阻攔,她對他的人品和才華深信不疑,將自己的全部交付給對面的男子,無怨無悔。這樣的馮程程,喚起我們對初戀的緬懷。

但是她的許文強,是經歷過太多滄桑的許文強,不像她這樣可以什麼都不要地投入愛情之中。雖然他也愛她,但隔著一段血海深仇,他始終對她忽冷忽熱。面對這樣的戀人,馮程程也曾心痛,也曾對月暗自神傷,但是她哭過了,依然選擇回頭,回到他的身邊。永遠忘不了那天,從機場趕回來的她,步履匆匆地來到許文強居住的地方,帶著一肚子心事,小心而焦慮地敲著門。

許文強有感於她的執著,深情地望著她說:「不想連累妳做寡婦。」而馮程程,她望著許的眼睛沒有絲毫的猶疑,氣定神閒地回了一句:「你相信命嗎?我也信,我不怕做寡婦。」就在那個時刻,我們被這樣的馮程程感動了。

當趙雅芝眼裡噙滿熱淚地望著她愛的人,我們就以為她此刻就是馮程程了吧。

都說「少女情懷總是詩」,愛情有什麼美的呢?其實美的不過是那個陷在愛裡的自己。沒有和許文強在一起的她,會獨自托著下巴對著窗外發呆,腦海裡想的是他們在一起時的種種場景,也會想著有時間一定要和他逛上海的老街,品嚐最美味的

食物——而這些，何嘗不是我們還是少女時會有的心事？

趙雅芝演活了一個性情單純又堅韌的馮程程，因為她骨子裡就是那樣一個佳人。

許文強逃離上海之後，馮程程從內心深處感到一股驟然失去的衝擊，她已愛到不能愛。與父親的大吵大鬧，對丁力的視而不見，都展現出她仍然深愛著她的強哥。

她知道許文強身不由己，但她無法忍受這樣的兩地分離。於是，她偷偷地不顧一切隻身前往香港，去尋找心中所愛——這無異是一個大家閨秀的私奔，自小接受貴族教育的大小姐，為了一個江湖男子，什麼都不管不顧地衝出社會，只為了尋找她愛的人，這是一股多麼原始的、來自愛情的力量！

馮程程是浪漫的，她遠不知上海灘的險惡，才在這場腥風血雨中尋找一段愛情。父親為她安排的幸福又美滿的婚姻，她堅決不要，她只幻想可以和那個人一起細水長流，白頭偕老。然而當她尋到香港去，終於要見到心上人時，她見到的是一個已經結了婚並帶著家人出現的許文強，那一刻，她的心徹底破碎，強忍著眼淚奪門而出，明明心痛到無以復加，卻還要逞強地留給對方一句：「我知道該怎麼辦。」

從香港回來以後，馮程程開始變了，她開始試著接受命運。一個女人對命運最大的妥協，就是放棄她的愛情。並不是丁力感動了她，最後，她說話算數，真的做了他的新娘。

## 第二章　螢幕紅透上海灘

　　從感情裡得到救贖的她，不再將焦點集中在愛情上。她開始成長，積極投身文藝活動；對丈夫丁力，也盡到了一個妻子應盡的責任和義務。而當她再面對舊愛許文強，已經不再單純如當日的小女生模樣，她終於懂得：這個世界，不是有愛就能怎樣，不是她想要怎麼樣就一定能夠怎麼樣。她開始懂得尊重別人的選擇、別人的活法。甚至當丁力因為吃醋而提著槍去找許文強時，她打電話給許文強這樣說：「我不是關心你，我是關心我的丈夫。你不需要關心，你需要的是血。」她開始明白，亂世有亂世的原則，知道自己該做什麼、不該做什麼。

　　離開上海前，前來送行的許文強終於肯屈服地對她說：「讓我和妳一起去吧。」馮程程看了他一眼，搖搖頭：「當兩樣東西擺在你面前時，你不能兩樣都要，這不公平。」這是個有傲骨的女子，縱然曾在愛情裡迷失，也終能找到贖回自我的路。

　　或許，在蒼茫的大海上，她會想起自己和舊愛的種種過往，也會為最終的選擇發出一聲嘆息。最後的最後，輸贏已不重要，她知道她成熟了，已經可以做那個無敵的馮程程。

　　女人是在愛情裡成長的，這樣看來，男人又何嘗不是女人的一所學校。從那個口口聲聲說著「等機緣不如自己去找」的敢愛敢恨的大小姐，到如今的風輕雲淡，馮程程透過一場虐戀，修成了更睿智的自己。

　　從固執地認為相愛就要在一起，到可以任愛隨緣，放過別人

也不再折磨自己，這是另一種愛的境界。還記得當初她和許文強的一場對話。她問他：「你有心事？」他吐一口煙圈：「我整天都在想賺錢，不知道這算不算心事。」

身分、地位的懸殊，或許一開始就預示著這段感情不會有好的結果吧。儘管許文強也曾想過安靜平穩、有妻在側的日子，然而他知道，這終究不是他的宿命。

當回顧這部劇，還能看到趙雅芝優雅從容的微笑、周潤發的黑風衣黑禮帽，聽著那首熟悉的「浪奔，浪流……」心懷激盪，就能清楚地知曉，任歲月流轉，這份感動將永遠銘記於心。那個嬌美的馮程程，是歲月都打不敗的美人。

## ● 練習優雅：跟趙雅芝學做優雅女人

### 剛柔並濟，是女人最美的姿態

人生有許多的誘惑，因此面對人生，堅持自我，不隨波逐流，是女性務必擁有的重要內涵。

倘若一個人能認清自己，做人既有溫柔的一面，又有剛毅和頑強，始終堅持悅己的信念，勢必會得到生活的厚愛。

因參加「香港小姐」選美進入演藝圈的趙雅芝，一開始並未

## 第二章　螢幕紅透上海灘

能得到機會的垂青,而是在無線公司的安排下,做著一份平淡的幕後工作。雖然很長時間沒有走紅的機會,但是她不焦躁、不心煩,淡然地面對自己的命運。她始終柔軟地對待自己遇到的每件事、每個人,對世界報以最真誠的微笑。

同時,她也相信,只要肯努力,她的夢想就一定能夠實現。

果然,一部《楚留香傳奇》令她攬盡無數風光,在戲裡,她是那個亦柔亦剛的女子,用女人的心性感化香帥若即若離的心。而在《上海灘》裡,她飾演驕傲但不傲慢、獨立又堅韌的馮程程,面對愛情,她毫不退縮,一直堅守到夢想破滅的最後一刻。她用女性的剛強俘獲了眾多觀眾的心,使觀眾認識到一位勇於為愛闖天涯的大家閨秀。

有很多人說,那已經不是角色本身,而是趙雅芝自己。別看她外表那麼柔弱,但她的內心,一直都是剛強的;別看她年輕,她始終很聰慧地知道自己究竟想要什麼、能要什麼。

人活著就是一場修行,既修練美麗的外表、優雅的氣質,也練就一顆強大的內心。上天眷顧她,給她一副傾城傾國的容顏,而她則給了自己一顆不驕不躁、溫柔又堅定的心臟。滾滾紅塵,歷盡摸索磨練,演藝圈的辛酸超乎我們的想像,但是她這樣一個柔弱的女子,卻用實力向更多人證明了自己。

沒有機會時,她不斷地磨練自己,並且等待重要的時機;當時機到來時,她也能勇敢地抓住,讓自己的事業邁向全新的階

段。憑著堅定強大的內心,她合理地化解人生道路上的種種困難,最終得到了自己應得的掌聲和榮譽。這樣的趙雅芝,內外兼修,實在是我們學習的榜樣。

無論是優雅的氣質也好,強大的內心也好,這些東西的獲得都不是一時的,而是隨著生活經歷、社會閱歷的不斷增加累積而來。

我們應當效法偶像趙雅芝,磨練自己的內心,做一個剛柔並濟的女人。

## 如何修練強大的內心

紅塵裊裊,人生如夢。修練出強大的內心,保持內心的真誠、獨立,是每個女性都應掌握的重要課題。

羅曼・羅蘭(Romain Rolland)說:「世界上只有一種英雄主義,就是看清生活的真相之後依然熱愛生活。」等長大一些,我們才會知道:生活原來並不如我們想像的那般美好,甚至可能會出現讓人撕心裂肺、極度抓狂的事。

趙雅芝的生活也並非一帆風順、盡如人意。她剛進入演藝圈之時,做了一段時間的幕後工作人員,雖有出眾的長相,卻一直得不到演出的機會。後來好不容易接到戲份,卻總是因為長相甜美,而被觀眾忽略她的演技,被人稱為是不會演戲的「花瓶」。

## 第二章　螢幕紅透上海灘

芝姐那樣好強的女子，在面對這些時，一定也曾暗自落淚吧？那時候，她心裡一定有很多的酸楚。

但是她沒有選擇退縮，反而更加堅定地堅持自己的夢想。在世事的變化發展中，她也越來越學會保持內心的強大，讓自己變得更加堅強——這是她和世界和解的一種方式。

世界紛繁複雜，而我們在這些變化中如何快速找到自己的生存法則，能令自己不受外界干擾，時時保持內心的淡定，實在是一件至關重要的事。

內心強大的人，懂得自己的需求，不容易為外界的變化所擾亂，擁有內在的平和與豁達。可以說，內心強大是一種優雅、一種智慧的處世哲學、一種良好的自我修養。那麼，該如何保持內心的強大呢？

首先，學會接納。不要對自己要求過高，要知道「人無完人」，能夠盡力做到自己能力的最好程度，便已是難得。不要把眼光放在自己辦不到的事情上，如此只會徒增煩惱，令自己產生壓抑、焦慮的情緒，不利於身心健康。面對無法改變的既定事實，不管多艱難，都要從根本上說服自己去接納，可以容許給自己一段時間去緩衝，或者採取適合自己的方式去發洩，但是一定不要長時間糾結於痛苦的事，讓自己一直處於低落的情緒中。

俗話說，「海納百川，有容乃大」，面對違背自己原則的事，要學會接受，「林子大了，什麼鳥都有」，允許其他的價值觀、

人生觀的存在，不要局限於自己單一的世界觀。要做一個寬容的人。

其次，對一些事情學會合理地無視。生活中難免會遇見困難和挫折，每個人都不會是一帆風順的，因此，不要過度計較自己遇到的難事，而要想辦法積極去面對，避免沉迷在負面的情緒中。

犯了錯誤，也不要過度慌張。正確的做法是汲取教訓，保證下次不會再犯。要允許自己改過，至少原諒自己一次；學會無視生活中的負能量，內心保持一套自己的價值觀。

最後，學會合理地管理自己的情緒。壓力人人都會有，但千萬不要受制於它，記住，你是情緒的主人，要管理情緒，讓它為你服務，而不是成為它的奴隸。

趙雅芝在接受採訪時，曾透露自己是個非常理性的人，很少生氣，即便是再難的事情，她也不會有過多的負面情緒，更不會讓壞心情影響自己處理事情。可見，她的優雅和成功，一大部分得益於能夠管控自己的情緒。

當你有了負面情緒，有以下幾種方法可以幫助排解：

找一個願意傾訴的對象，向對方訴說自己的苦惱；也可以放下煩人的事物，嘗試一些自己感興趣的事，比如看場電影、聽場音樂會等，也可以去嘗試做一件全新的事，轉換一下心情。

如果時間和金錢充足的話，也可以考慮一場旅行。在大自然裡尋找內心的寧靜，讓清風和白雲帶走你的愁緒。

也可以透過充電來彌補自身的不足。

最後，內心堅強不是一時獲得的，而要經過不斷的觀察與練習，頻繁地與他人交往，透過各種經歷得以摸清、鍛鍊自己的耐受力，在社交的過程中完成自我認知，強大內心。

人的一生都是在和自己戰鬥，勇於面對脆弱和暴戾的自己，學會適當釋放內心的壓力，做一個生活的強者。要記住：內心強大不是偽裝強大，而是用強大的內心去面對生活中的一切。

## 學會愛自己，愛能治癒任何傷口

現代社會發展如此之快，當年信誓旦旦的一句：「我努力，只因為我想改變世界。」到今天，我們只敢說出：「我努力，只因為我不想被這個世界改變。」

面對如此快節奏的生活，我們理應保持內心的熱愛，對生活充滿熱情，才能夠做到不被生活綁架，因為──愛能治癒任何傷口。

不管世事如何變化，趙雅芝始終都愛自己。生活在愛裡的人是幸福的，更是令人羨慕的。她以一顆純潔的心靈去面對整個世界，得到的也是整個世界的愛。她的思想不含一絲的雜質，就

如一株綻開的百合，純白如雪，散發出暗暗的幽香。

她有一雙善於發現美的眼睛。或許在一些人看來，小時候被那樣嚴格地教育真是太痛苦了，童年似乎也不能自由自在。但是對趙雅芝來說，那的確是最真摯的父母的愛。因為這份愛，她從小就出類拔萃，想要環遊世界便考上了空姐，後來又成功入選香港小姐，被觀眾廣為熟知。進入演藝圈後，同樣是因為對表演的熱愛，她沒有放棄對演戲的嚮往，最終等到適合自己的角色，並不斷地努力，用自己的演技征服觀眾，最終摘掉「花瓶」的評價。而對待她的家庭，她一直用一名女性的愛，去默默地、無私地奉獻。

趙雅芝擁有一顆赤子之心。不管人生路上遇到何種難題，她總是帶著乾淨、快樂的心情去生活，去面對周遭的一切。在人生最黑暗的那幾年，她沒有怨恨，亦沒有遲疑，而是依舊相信愛，從而可以再度擁有人人都期盼的幸福。

趙雅芝疼愛自己。她了解自己想要什麼，並且在演藝圈中從不功利，很多時候都是等到什麼角色就去演什麼角色，每一個角色都力求完美。她從不與人相爭，一直保持著優雅的氣質，所以，上天亦給她豐厚的回饋，她飾演的很多角色都為觀眾留下深刻的印象，她更成為幾代人心目中不可替代的女神。

每個人都是一座花園，有著無盡的寶藏。熱愛自己，才能充分開啟和挖掘到這些寶藏。愛自己，不僅要看到自己的優點，

## 第二章　螢幕紅透上海灘

　　也要試著學會接納自己的不完美。這樣，可以讓人時常保持自信、樂觀的狀態，在人生的道路上，獲得無限的風景。

　　要保持對這個世界的好奇心、探索欲，給自己簡單的快樂。世間萬物皆有愛，只要擁有一雙善於發現的眼睛；保持思想的獨立，知世故但不世故，便能沐浴在愛的陽光裡。

　　思想獨立是衡量一個人成熟與否的代表。成熟的人，凡事都有自己的判斷力，不容易隨波逐流，能夠活出新鮮的自我。熱愛世界，認真生活，熱情地擁抱自己的生活，要相信愛能戰勝一切惡魔。

　　學習芝姐低調做人的心態，學習她對事物充滿熱忱的心態，你會發現，這個世界雖不完美，但是一樣很美好，值得我們付出所有，勇往直前。

# 第三章
## 轉戰臺灣,繼續成長

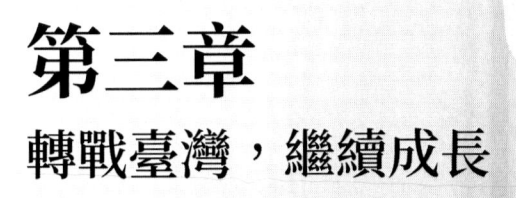

# 第三章　轉戰臺灣，繼續成長

## ● 綻放優雅：趙雅芝的人生軌跡

### 《京華煙雲》把姚木蘭演到極致

「若為女兒身，必做姚木蘭。」很多人迷上趙雅芝，就是從她飾演的姚木蘭開始的。

《京華煙雲》是文學大師林語堂先生的經典名著，被稱為當代《紅樓夢》，描寫的是在傳統文化與近代文明相互衝擊的時代背景下，三大家族的興衰史。可以說，它是近現代文學史上的巔峰之作。

在林語堂先生心目中，姚木蘭是最接近理想女子的形象。她大方、理性、寬容、堅韌、頑強又充滿仁慈，簡直堪稱傳統女性智慧的代表，從她身上，我們可以看到女性是如何操持家務、處理困難，幫助一家人成功度過危機。

1987年，33歲的趙雅芝在經過權衡後，最終接演姚木蘭一角。她雖已不算年輕，卻仍保持姣好的容貌、婀娜的身段，而演戲多年的經驗，也幫助她在這部戲中，成功地塑造了從年輕到年老的姚木蘭豐富多彩、曲折坎坷的一生。此時的趙雅芝經歷過一段失敗的婚姻，重新走入一段婚姻，為人妻、為人母，可以說，她在情感上已完成了天真到成熟的過渡階段，因此對姚木蘭的處境更能感同身受，也就不難想像，她演起這個角色

有多得心應手。

林語堂先生之所以將女主角的名字取為「木蘭」，寓意為外柔內剛。木蘭小時候，在一次逃難中，不幸被人口販子拐走。因緣際會，被曾家救出，對於她的救命恩人，姚木蘭可以說是畢生尊敬，一輩子都在啣草結環。而在木蘭找到她的親生父母之後，又在父母的要求下，對曾家多了一份順從。可是她的悲劇，也從這裡開始。

木蘭的父親姚思安是一個隨遇而安的人，也許因為深受其父影響，姚木蘭雖有自己的心上人，卻最終沒有反抗地按照家裡的安排，嫁給了並無感情的曾蓀亞。同時又因為骨子裡的頑強，嫁過去之後她並沒有消極地認命，而是想用自己的智慧，讓一家人的日子越過越好——也正是因為曾家父母看到了木蘭身上的這種特點，所以才做主一定要蓀亞娶了木蘭。

在曾家，不管丈夫如何為難自己，她始終對曾家二老言聽計從、孝順有加。在她身上，體現的是中華民族的傳統美德——知恩圖報，深明大義。

木蘭苦心經營著自己的小家，卻無奈丈夫為了反抗這樁婚事，背著她找了第三者。面對丈夫的一次次挑釁，姚木蘭內心自然是傷痛的，但是她並沒有仗著自己理直，就隨便去大吵大鬧，而是一次次淡定地用情感勸說丈夫回頭，甚至放下尊嚴，找到小三，動之以情、曉之以理地希望她能回頭。可惜，這兩個人

## 第三章　轉戰臺灣，繼續成長

非但不聽木蘭的勸告，反而用相愛來向她示威。木蘭獨自一人承受著婚姻破裂的心碎。一想到這是她放棄愛情換來的婚姻，如今卻變得這樣糟糕，心怎能不痛⋯⋯

或許是經歷過一次失敗的婚姻，趙雅芝演起這個階段的姚木蘭，簡直是手到擒來。那一顰一笑，一皺眉一落淚，皆把小說中對姚木蘭的刻劃捕捉得絲絲入扣，精湛的表演擄獲了觀眾的心。

真正的隱忍從這裡開始了。儘管木蘭也曾想過放棄，但是最終，她堅韌的性格還是令她決定包容兩人的胡作非為。為了顧全大局，她答應了婆婆苦口婆心的請求，頑強地維持著這段破碎的婚姻，並竭盡全力喚醒蓀亞浪子回頭。

雖然，「寬容」這個詞，我們時常掛在嘴邊，但是要真正做到寬容，卻是極難的。寬容不但要求一個人要能從表面對別人客氣，更要做到從內心深處接納別人，甚至是接納他們為人處世的原則。只有如此，人與人之間才能夠和平相處，社會也才能夠真正地和諧。

講到這裡其實可以看出，姚木蘭身上這個「分寸」，其實並不好掌握。演得太過，則顯得不大氣；演得不夠，則顯得不真誠。而趙雅芝很好地表演了姚木蘭的堅貞勇敢，並且把容忍婚外情的一個分寸，演到了極致，多一分則過，少一分則不達。這正是她成功的地方。

《京華煙雲》的時代背景，還不是很開放的年代，原著中說：「倘若當年有由男女自行選擇的婚姻制度，木蘭大概會嫁給立夫，莫愁會嫁給蓀亞。木蘭會公開告訴人說她正在和某青年男子熱戀。倘若木蘭的熱戀發生於今日，她會和曾家解除婚約，但當時的制度還屹立不搖，她的一片芳心雖然私屬立夫，但還不敢把這種違背禮教的事情坦然承認，同時，她對蓀亞的喜歡，她也向來沒有懷疑過，所以，對立夫的愛，她只能深深藏在內心的角落裡。」於是，在電視劇中，姚木蘭承襲了這個不夠開放的傳統，令她只能嫁給蓀亞。

雖然不能嫁給自己最愛的男人，但是姚木蘭仍舊憑藉一身的智慧，妥善地處理了丈夫的婚外情，並且井然有序地打理著整個家族上下，獲得了一致的好口碑。而她個人的幸福，也終於等到了。

這部劇獲得當年的「金鐘獎」最佳戲劇獎，趙雅芝也因成功地飾演了深具內涵的姚木蘭一角，而深受觀眾喜愛，甚至獲得林語堂家人稱讚，林語堂女兒林如斯曾說：「趙雅芝的姚木蘭就是家父林語堂筆下的那個完美女性。」

趙雅芝版的姚木蘭，是這部劇史上不可超越的經典。也是從這部戲開始，趙雅芝對演戲有了更深刻的領悟，她懂得一個演員，應當要把自己深刻的人生感受融進角色之中，因此，可以說，這部《京華煙雲》是趙雅芝演技臻於成熟的象徵。

# 第三章　轉戰臺灣，繼續成長

## 《戲說乾隆》之真情沈芳

「山川載不動太多悲哀，歲月經不起太長的等待。春花最愛向風中搖擺，黃沙偏要將痴和怨掩埋……」每當聽到這一曲〈問情〉，很多人都會自然而然地想起《戲說乾隆》，1991 年趙雅芝與鄭少秋合作拍攝的電視劇。

當時兩個人在演技方面已經有許多磨合經驗，對彼此性格、心性也越來越了解。趙雅芝在這部電視劇中，一共出現了三次，分別飾演沈芳、程淮秀和金無箴。三女性格迥異，且看趙雅芝如何分別詮釋。

沈芳初出江湖，就懷著深刻的家仇，她對報仇有一種執念，性格倔強、愛憎分明。初相遇，四爺在河邊看到她策馬經過，那幽然的身影，像一束蘭花飄入他的眼底；或許是趕路趕累了，她在河邊抬手擦著汗，如此嬌俏可愛，不需言語多形容一分。爾後，他們又在蒙古包巧遇，她粲然一笑，他邀她一同走走；爾後，又在市集遇到，他笑著對她說句「好巧」……若不是這種種的巧遇，或許兩個人不會產生深厚的情誼。

四爺是風流不羈的皇家公子，而沈芳也是出自名門，養在深閨的天之驕女。一個獨一無二，一個舉世無雙，在正好的年紀相遇，又共同看著正好的風景，兩顆心，越走越近。

然而後來是什麼拉開他們之間的距離，讓他們只能天各一

方呢？這要從沈芳的性格說起。她是小女兒的心性，心有家仇，但是未必有國恨。她或許懂得男女情長，卻不懂得世事滄桑。在她倔強的身體裡，流淌著的是一股非黑即白的認知，連愛情在她眼前也是如此，愛便是愛，不愛便是不愛，哪裡知道，其實很多時候，不是不愛，而是不能愛。

這種偏執，使她注定無法跟四爺共度一生。因為這個男人是屬於天下的，心懷的也是天下。

若不是因為一樁錯案，她想必還是那個風光的大家閨秀，過著錦衣玉食、不識仇恨為何滋味的逍遙生活。但是出了事，她骨子裡的血性也被召喚出來，她非得要去搞清楚，為什麼會發生這樣的冤枉事，一股深深的恨意，令她頑強地等到了四爺出現在她的生命中。

四爺見過多少奇女子啊，然而他還是被這樣偏執的沈芳所感動。他對她生出一股自然的憐憫與同情，姑且將這認為是愛吧，因為愛情的本質，就是有所牽掛。所以，他日夜兼程趕去承德找她。

但是當他明白她心裡的冤情後，對她開始多了一層愧疚。畢竟，她這可憐的身世，竟是因他而起。默默付出所有去守候沈芳的四爺，終於感化了沈芳。那一夜，就著天上的明月，孤傲的沈芳對四爺吐露真情：「其實傷人最深的不是血債，而是情，血債有得討，而情債卻無從說起。」

## 第三章　轉戰臺灣，繼續成長

　　說出這番話，她便是動了心。再看飾演沈芳的趙雅芝，一雙眉目飽含春情，可是因心底有心事，這眉目又多出幾分猶豫，她真是將一個小女子的愛恨情仇，在那一剎那表現得淋漓盡致。

　　而四爺呢？他聽了這番動情的表白，幾乎就要對她說出自己的身分了。但他終究忍住了，因為他不確定，說出口之後，他們的感情是否會比現在更加複雜。

　　沈芳要四爺相助，幫她一起尋皇帝的血債，四爺愛到心痛，幾乎是含淚答應。然而當他給她答覆時，她卻不見了——原來，為了避免可能會出現的被拒絕，她先拒絕了他。這多麼像《東邪西毒》裡的歐陽鋒。正是這一「逃」，也反映了她小女子的心性，因為愛到怕失去，所以主動放棄。真是傻乎乎，真到不能再真的沈芳。

　　可以想像，為何四爺會如此愛沈芳，因為他在她面前，感受到了那股自己早已失去的「真誠」！在沈芳面前，自己好像是一個滿腹算計的人，活得不那麼暢快淋漓，而沈芳就像一面鏡子，照進他內心深處，照出他的脆弱。

　　沈芳終究是愛四爺的，可是因為他的身分，這場愛，注定萬劫不復。趙雅芝將一個心情複雜的江湖小女子，演繹得栩栩如生，她在四爺面前總是滿腹的心事，但是仍然對感情直來直去，一點都不做作。這份真，擄獲了很多網友的心：「沈芳，怎一個真字了得！」「沈芳說，桑間濮上，兩情相悅，這種事可以

生死相許，高高提起，也可以淡然一笑，輕輕放下。她豁達，她灑脫，她『不是那種要說法的俗人』，四爺對於她，應該是忘不掉，但放得下的吧。」更有人總結：「紫禁城不適合沈芳，大漠孤煙直才是好歸宿。」

到最後，她終於還是知道了他的真實身分。幾乎是使出渾身的力氣，她朝他刺去一劍，這一劍，不為置他於死地，而是要給自己一個交代，這麼多年，她苟且地活著就是為了等這一天。而他呢，以手接劍，劍鋒劃破手掌，同時也徹底刺痛她的心。

好在沈封來了，她給了自己一個不必報仇的完美理由：報不了仇。但其實她心裡根本就不想要報這個仇。

最後，她說：「我們以後都不會相見了吧？」不等他回答，她又說：「天涯海角我會記得你的，四爺。」

回到京城的四爺，坐在金鑾殿提起沈芳時說：「我欠沈芳的。」——他不只欠了她血債，更欠了一份情債。

相見不如不見。

趙雅芝，演活了一個初出江湖的年輕女子，偏執、剛烈，就像十幾歲時的我們。

# 第三章　轉戰臺灣，繼續成長

## 《戲說乾隆》之灑脫程淮秀

在這部戲中，再次見到趙雅芝，是由她飾演的鹽幫幫主程淮秀，俠肝義膽又柔情似水，身上既有不輸男子的豪氣，亦有女子的溫柔。這樣的女子，四爺當然會愛。

竹林初遇，程淮秀露得好身手，讓四爺驚呼江南竟有如此英姿颯爽的女子；夜下救人，他又見識到她骨血裡的俠肝義膽⋯⋯如果愛是一場博弈，那麼幾個回合下來，四爺已是程淮秀囊中之物。

相比沈芳，程淮秀是心懷鹽幫的大女子。她胸中不只有自己的兒女情長，更有鹽幫的興衰。她出身江湖草莽，發誓身許鹽幫，縱然愛上了四爺這樣雄偉的男子，也照樣回一句「有緣自會相會」，淡定從容之間，有不拘小節的氣概。

在名園，他終於有機會見識到她的真面目，沒想到竟是這樣清秀迷人的紅顏，那一刻，好感驟增。

她到底是怎樣的女子呢？憑著一身高強的武藝、一顆俠義之心行走江湖，她是答案，也是謎語。在旱湖，他故意要探她的虛實，與她談起酒，沒想到她侃侃而談，令自己也無從出口。那一刻，他終於忍不住地向她表白。

然而該怎麼在一起呢？初相識時，他還只是一個四爺，可是再相遇之時他已經是萬人之上的皇帝，她心知自己是絕對不會

進宮的。而四爺何嘗沒有想過他們的結局，在曹大人提議「進，淮秀進宮；退，相忘於江湖」時，他因為知道她的脾氣，也只能嘆息地說：「相忘於江湖，不好。」但是他終究不能就此放棄，於是時時惦記著，要帶程淮秀進宮，並且把自己貼身的玉珮相贈，作為定情的信物。

但是這個女子太清醒了，她知道自己要什麼，當她尋到京城，看到心愛之人就坐在高高的寶座上，她當即領悟：「眼前的四爺，已經不是在江南時的四爺。」最後分別時，她對他說：「皇上，你生於宮殿，長於宮殿，從宮殿出來再回到宮殿裡。而淮秀呢，生於草莽，長於草莽，從草莽出來自然要回草莽裡去。」咬定了他們不管多相愛，也只能「相忘於江湖」。

他留在紫禁城，在雕梁畫棟的屋子裡繼續做皇帝；她則回到江南，在腥風血雨的江湖繼續當幫主。從此，「劉郎已恨蓬山遠，更恨蓬山一萬重」。

一個大氣的女子和一個小氣的女子應當如何區分？功夫就在細節裡，趙雅芝全演活了，甚至很多人因為程淮秀，也深深地愛上了鄭少秋，以及故事裡這一對未能成雙的璧人。

如果再看這部電視劇，想必此時已經長大的我，已能夠懂得這一對璧人相互之間的心情。我們不該因為出生晚，而錯過那個年代的一部好戲。或許只有認真體會，才能領悟歌詞中所唱的「愛到不能愛，聚到終須散」，究竟是一種怎樣無奈的心境。

第三章　轉戰臺灣，繼續成長

忘不了鹽幫大堂旁那送別的小屋，淮秀秀眉輕蹙，面帶嬌羞卻目光堅定：「旱湖之約，終生不悔」；忘不了在京城街市上，四爺的失魂落魄，聲嘶力竭地叫著「淮秀，淮秀」；忘不了告別之後，一個留守殿堂，一個相忘江湖，一段情就此結束……縱使帝王又如何？坐擁江山，萬民敬仰，卻得不到一份想要的愛情。

## 《戲說乾隆》之淡泊金無箴

金無箴，趙雅芝在這部戲的最後一個角色：聰慧、冷靜、有膽識，柔軟、正義、有心計，她有大家閨秀的舉止談吐，即便被抓到土匪窩也還是滿口斯文；又沒有死板的教條規則，不但能接納土匪的存在，更能私下交朋友，令人聯想到《神鵰俠侶》裡的「小東邪」。

在一個深夜裡，已經當上皇帝的四爺來天牢看金無箴，他勝券在握地問了她幾個問題，而她的每一個回答都讓他意外。他沒想到這個女囚，不但有一定的文化底蘊，還懂得世俗的道理。這一問一答，彼此的情感得到昇華。但是問著問著，更出乎意料的事情發生了，她竟然對他說「不能說」──這個不能並非不願，而是有苦衷。這樣的回答，是有智慧的交流，也是有誠意的交談。

這倒勾起了乾隆的好奇心，問她：「怎麼才能講呢？用刑

嗎？」她卻又滿不在乎地像開著玩笑：「不妨一試。」到此，乾隆徹底見識到這個女子的孤傲與堅持。

他走了，出乎意料地帶著對一個女人的愛離開天牢。短短一個時辰的交談，她已用智慧和美麗，打動他的君心。

她來到皇宮，甚至與乾隆發生糾葛，也只是因為想要搭救岑九。雖然她喜歡皇帝，也深知皇帝喜歡自己，但是她更清楚後宮佳麗三千，皇帝不可能只忠於一人。所以，如果不是因為岑九，她絕對不會讓自己留在深宮。

究竟應該選一個愛自己的人，還是自己愛的人？金無箴給了世人一個很好的答案。她太聰明了，聰明到知道乾隆因為喜歡她，可以饒她不死；而岑九卻可以為她付出生命。

兩種程度的愛，她選了後者。

雖然岑九只是一個大字不識、粗魯又不懂江湖規矩的粗人，但金無箴還是將他當作知己，就因為她「知世俗而不世俗」，既懂入世也懂出世，沒有那麼多的拘泥設限。這樣的金無箴，才是真正做到了瀟灑。

那麼，乾隆皇帝知不知道這一點呢？他心思縝密，當然不可能不懂得。

說到底，岑九是為了金無箴才投案自首的，他的舉動感動了金無箴，也震撼了乾隆。在這段愛情裡，沒有身分地位的懸殊，

## 第三章　轉戰臺灣，繼續成長

而只存在兩個男人之間的較量。岑九可以為了金無箴捨棄生命，乾隆呢？走到這一步，勝負已定。

或許是考慮到江山社稷的穩定，或許是考慮到皇族的顏面，或許僅僅為了金無箴，乾隆最終釋放了岑九。這一放，他明白自己也將徹底失去金無箴。

縱然金無箴這樣心大的女子，也不敢選個帝王做為愛人。她要的是江湖上的逍遙，要的是一份破釜沉舟的深愛。她與乾隆皇帝，注定只能是分別的結局。

值得探究的是，在拍《戲說乾隆》時，是趙雅芝主動要求一人分飾三角的，她說：「要麼三個都演，要麼就都不演。」這三個角色，她最喜歡的就是金無箴，理由是：「她沒那麼多心思，專心自己的刺繡，忠於愛情就選擇了自己的愛情。其他兩個，有太多無奈了。」

趙雅芝一人演活了三個角色，沈芳是「真」，程淮秀是「灑脫」，而金無箴是「淡泊寧靜」。憑一己之力，趙雅芝將三個女性不同的特點完美地呈現在螢幕上，塑造出女子三種截然不同的個性，她的功力，實屬深厚。更難得的是，三個角色分別「籠絡」住三份人心：有人喜歡沈芳的敢愛敢恨；有人喜歡程淮秀的灑脫如一；有人偏愛金無箴的出世入世，寧靜致遠。明明是一個人演的，卻能夠有不同受眾喜愛──這，是趙雅芝的厲害之處。

## 螢幕倩影，三花生香

《帝女花》是根據廣東同名大戲改編而成，由賴建國執導，趙雅芝、葉童等主演的古裝愛情電視劇。

該劇講述明朝皇帝崇禎為六女長平公主選駙馬，最終選中了左都尉之子周世顯。孰料，其間發生政變，當周世顯進宮時，只見遍地屍骸，公主下落不明……

趙雅芝在這部劇中飾演長平公主。在網上找出她當年的劇照來看，柔而不媚的眼神，優雅華貴的古典氣質——不得不說，趙雅芝實在太適合公主的扮相。

這位公主，是位心高氣傲的公主。不但長相頗美，性情亦十分堅韌。生逢亂世，國破家亡，又遭父王賜死，卻仍然頑強地存活下來。趙雅芝以深厚的演技，將這種歷盡九難十劫的轉變展現得很到位，又將公主對駙馬的誤會與深情，那種撕心裂肺的糾結，演繹得十分動人。

複雜、戲劇性極強的人物非常難演，要在一言一行、一顰一笑之間做足戲碼。趙雅芝可謂是成功地塑造了這個角色。

正所謂「去國離鄉整十年，於今衣錦返家園。採得百花成蜜後，香魂一縷上青天」。這是一個十足悲傷的故事。長平公主雖為女流之輩，卻心懷家國。她早已決定在了卻自己的心願之後，以身殉國，奈何放不下心中深愛的駙馬。然而她不懂，駙

## 第三章　轉戰臺灣，繼續成長

馬早已看懂她的心事，在經歷了國破家亡的慘痛後，他的心中早無苟活於世的打算，於是決定與妻雙雙殉國。

到今天，對那場兩人於洞房花燭夜殉情的橋段仍舊印象非常深刻。

趙雅芝將走投無路、不捨情郎，卻又淡定赴死的公主形象演繹得活靈活現。一句「合巹交杯墓穴作新房，待千秋歌贊駙馬在靈臺上」，將兩人的感情道盡，也讓身為觀眾的我們心碎。

印象中同樣深刻的，還有任劍輝、白雪仙合作的《帝女花之香夭》，兩位粵劇的老戲骨，將這段詞唱出了低調而綿長的悲傷，令我第一次聽的時候就愛上了。「泉臺上再設新房，地府陰司裡再覓那平陽巷。」雙雙赴死的情節，既看出公主的決心，也看出駙馬的愛意，唱詞鏗鏘有力、抑揚頓挫。

值得一提的是，葉童在這部劇中，首次女扮男裝，飾演駙馬爺。俊秀的外貌，令人遐想。

最後，長平死了，她在自己的新婚之夜，自殺身亡。這是她的宿命——她是前朝的公主。趙雅芝演繹了長平十年的成長路，小時候是集萬千寵愛於一身的公主，長大後是極度落魄、被新朝廷追殺的公主，最後是死在自己手上的公主。三種完全不同的神態，她演起來栩栩如生，掌握住了每一個階段公主所應有的狀態。

《帝女花》是「三花」系列的第一部，在第二部《狀元花》中，趙雅芝也有不俗的表現。

北宋末年，富商莊寶貴的原配梅芳和妾室巧珍，同時生下兩名男孩。算命先生斷言，原配梅芳的兒子以後是乞丐命，妾室巧珍的兒子貴祥以後是狀元命。

妾室喜歡搬弄是非，將家裡鬧得雞犬不寧。參將李沂的女兒嬌紅聰慧，續絃李氏的女兒月娥潑辣，兩個人原本相安無事，卻在李氏的挑撥下，不斷發生糾紛，令乖巧的嬌紅受盡委屈……故事就在這莊家的兩個男孩和李家的兩個女孩之間展開了。

趙雅芝在裡面飾演乖巧聰慧的嬌紅，她外柔內剛的性格也非常適合這個角色。葉童仍然女扮男裝，飾演嬌紅日後的夫君。要是想看「芝童」經典組合的，這部劇當然不能錯過。

《狀元花》是「三花」系列中唯一的一部大團圓，兩段姻緣啼笑皆非，是這部戲非常重要的看點。雖然是 20 年前的老劇，但是劇情和對白卻一點也不過時，裡面的很多設定也都很正能量，和現在的一些電視劇可相媲美。

因為是非常歡樂的節奏，所以這部劇看起來比較輕鬆。

「三花」系列的最後一部，就是根據《王魁傳》所改編的《孽海花》。

南宋年間，忠臣都統王師松遭奸相崔貴陷害，以通敵叛國

## 第三章　轉戰臺灣，繼續成長

之罪被判滿門抄斬。次子王仲平僥倖逃脫，逃難過程中幸得花魁焦桂英相救，後來在桂英的幫助下，勤學武藝，要為王、焦兩家報仇。兩人日久生情，拜堂成親。

仲平為報仇，化名王魁，金榜題名後與相國千金完婚。就在這時，桂英撞見仲平與相國女兒出遊，幾番誤會對峙後，桂英終與仲平漸行漸遠，最終對簿公堂。眼見情感無望，傷心的桂英跑到兩人曾共同起誓的海神廟內，懸梁自盡。

葉童所飾演的仲平是這部劇中的悲情人物。自小身負殺父之仇，他活得並不快樂。遇見美麗而善良的桂英，黑暗的人生才綻放出一絲的光華。可是為了完成復仇的使命，他不得不離開妻子，去巴結更高的權貴。

可能是上天有眼，一舉金榜題名後，他被相國的千金看上了。相國的千金並不知道他的打算，只是無緣由地深愛著他。可是桂英呢，一次次誤會了他的感情，最終兩個人對簿公堂。無奈之下，傷心的女子在當初兩人發誓的寺廟，自盡身亡。

桂英死後，仲平的悲劇才真正開始。他從此活在難言的傷痛與恐懼之中，夜夜笙歌、縱情聲色，用這種醉生夢死的生活來麻痺自己的心。然而，他卻是孤獨而絕望的，他痛恨命運為什麼把屬於自己生命裡的最後一道陽光都奪走，這樣想著、恨著，他終於犯下了不可饒恕的罪過⋯⋯

倘若，因為桂英的出現，他能忘掉滅門的慘案，一心一意

與桂英廝守,或許,他的命運,就不會如此悲慘。

「三花」系列,是非常不錯的電視劇,趙雅芝的表演也更加爐火純青,「芝童」的合作,成為不可忽視的經典。其中,對手戲最好看的,便是這部《孽海花》。很多觀眾不知道《新白娘子傳奇》之前,「芝童」還有如此多的合作,若想要回顧兩人的經典作品,可以看看「三花」系列。

## 風雨江山阿房女

對秦始皇和阿房宮的記憶,來自於學生時代背誦的〈阿房宮賦〉。阿房女長什麼樣子並不清楚,直到看過趙雅芝與劉德凱合作的這部《秦始皇與阿房女》。

「西元前221年,嬴政初併天下,立為皇帝,分土三十六郡,東及北韓,西至臨洮,南趨越南,北抵東遼,版圖一統,底定華夏。」是這部戲的結局,又是一個紅顏攔不住君王要稱霸的故事。

忽然想起那首歌〈愛江山更愛美人〉,但是現實也有很多人,是更愛江山的。趙雅芝在38歲的「高齡」飾演一位少女。她拖著長長的紅裙,自宮殿下方拾級而上,芙蓉面,柳葉眉,露出一抹嬌嫩的笑 —— 這樣的美人,讓眾生失色。

「覆壓三百餘里,隔離天日。驪山北構而西折,直走咸陽。二川溶溶,流入宮牆。五步一樓,十步一閣;廊腰縵回,簷牙

## 第三章　轉戰臺灣，繼續成長

高啄；各抱地勢，勾心鬥角。」在杜牧文章裡出現的這個建築物，名字叫做阿房宮。氣貫長虹的背後，卻流傳著一段「阿房，阿房，亡始皇」的歷史傳說。

一切還要從邯鄲街頭那對「少年不識愁滋味」的少男少女說起。這對異國的男女，因為街頭的一次邂逅，為對方留下驚鴻一瞥的身影。那時的愛情，一如十幾年前我們所能望見的天空，純情而不摻一絲雜質，令人回味無窮。

如果嬴政一直都是那個不需要做皇帝的小木匠，那麼阿房的一輩子，注定簡單而快樂。可是，後來，在她進宮以後，她明白了。她的小木匠已經不復存在，或者說，根本從未存在──那不過是少年秦王用來掩飾身分的一個託詞。他現在的事業是要稱霸六國、一統江山。再也不能像個無賴，鬧著逗她笑。但她忘不了的，是那個兒時的夥伴，她也曾對秦王說：「在邯鄲的一點一滴、一舉一動，都不曾離開過我的記憶。」

這段感情終是不被承認的。太后不喜歡阿房。阿房自己也在留戀她的小木匠。於是，這段感情躲躲藏藏，糾糾纏纏，終於還是分崩離析。她嚮往的是民間的歡樂、普通情侶的簡單快樂。而宮裡的勾心鬥角令她害怕，於是不得不逃走。她甚至想要嬴政忘掉自己，重新開始屬於他的生活。

沒辦法，阿房知道自己生來不屬於帝王家，芸芸眾生，她要的只是一個可以棲身的家園。38歲的趙雅芝，將一個年輕的女

孩面對愛情的糾結與痛心，演得絲絲入扣，十分逼真。很難想像她已為人母，對小女孩的愛情竟還保持著如此靈敏的感受，我想，或許是第二段婚姻滋潤了她吧，讓她面對愛情時，可以保持一份純淨的感覺。

而秦王呢，他的內心想必也很痛苦。統一六國是他的夙願，和阿房相守一生也是。面對命運的安排，他只能要江山。但是在他心靈深處，其實一直都深藏著一個小木匠的夢。在戰場上，他曾放了一個曾經當過木匠的男人。看著他憐惜地擁著自己的妻子離去，他的眼裡充滿了悲憫，那一刻，他一定想到了自己最心愛的女人阿房！

然而，她最終還是死了。臨別的時候，她對他說：「血路之上，屍骨纍纍，多我一個又何妨？」她的心思那麼縝密，已經明白此時的秦國已是一輛不可阻擋的戰車。縱然嬴政愛她，但是自古江山與美人不可兩全。與其說她的死是為成全秦始皇一統天下的決心，不如說她是看穿了這段感情的無望，用死去尋求下一份感情的圓滿吧。任她的男人多麼渴望一展鴻圖，實現天下的統一，她始終都是那個渴望獲得愛情、擁有自己家庭的小女人。

詩經有云：「美目盼兮，巧笑倩兮」，這句話適合這部劇中的趙雅芝。

## 第三章　轉戰臺灣，繼續成長

### ● 練習優雅：跟趙雅芝學做優雅女人

#### 剖析自我，找到自己的位置

對人而言，除了自己以外，這世間的一切都是外物，人活著的意義就是完善自我。人是具有群居社會的動物，活著的每天幾乎都免不了要與他人交際，在這個過程中，如何從複雜的外界找到屬於自己的位置，最重要的是認清自己的想法。因為只有這樣，才有可能發揮出自己的重要價值。

有自知之明的人大都清醒、客觀，通常能夠熟知外界變化的規律，知道自己該做出怎樣的選擇，從而尋找到一條最適合自己發展的路。

趙雅芝就是這樣一位對自我有著清晰認知的女性。她能夠在演藝生涯最輝煌的時候選擇退出，回到家庭中安穩地相夫教子，就足以看出她的魄力。

同時，在自己大紅之後，面對一系列片酬不菲的電影片約，她亦能忠於自己喜愛的電視事業，毫無壓力地婉拒，並且踏踏實實地專演電視。她太清楚自己想要什麼、想要有怎樣的演藝生涯。

這樣獨具慧眼的女人，可以一針見血地看穿問題的本質，她們熱衷於在生活中發現真實的自我，不斷地優化、提高自

己，用更強的能力來適應外界的變化，從而將自己塑造成一個樂觀向上的人，綻放出無限的魅力。

那麼，作為女性，對自己應該有怎樣更為深刻的認知呢？首先要了解自己。最直接的方法是透過一系列的自我觀察來了解自己，比如觀察自己的言行舉止、情緒變化等；間接的辦法是透過他人的評價來了解自己，平常可以請朋友們為自己提些建議，畢竟「不識廬山真面目，只緣身在此山中」，別人的看法，可能有時要比你看自己更清楚一些。發現自己的不足後，可以透過後天的練習和培養加以改正，比如可以多讀書、改善自己的情緒等等。不斷地總結和歸納，可以更妥善地認識自己，昇華自己的人生。

其次要學會發現自己的長處。可以透過老師或主管的評價，也可以拿出一張紙，在左右兩列分別列出自己的優點和缺點，一一對比，加深印象。加強和鞏固優點；試著改正缺點，雖然修正自己的缺點是件很痛苦的事，但是也要有毅力地慢慢去嘗試。

學會使用一些常用的交際用語，有助於維持更好的人際關係，從而避免自己陷入尷尬的處境，甚至落入別有用心之人設立的陷阱。學會傾聽，切忌喋喋不休地發表自己的想法，要認真聽取他人的意見和建議，積極改善自己的不足。這在一定程度上，也可以幫助你認清自己在團隊中的位置。

第三章　轉戰臺灣，繼續成長

　　保持思想獨立，便能減少迷惘。對未來有清晰的打算，心中有著堅定的目標，對自己有較為準確的判斷力，不將別人對自己的評價太放在心上，以免影響自己的發展。隨時保持一顆清醒的頭腦，懂得對自己的選擇負責。

　　做生活的有心人，善於觀察周邊的環境變化，善於歸納、總結，用成熟的思想指導自己的行為；做一個有主見的人，不被他人的思想左右，並且相信自己的能力，對未來充滿信心。

　　做一個有大智慧的女子，不管在生活、愛情還是工作中，始終能夠找到自己的位置，充分發揮出自我價值，最終獲得幸福。

## 不懼困難，不對這個世界妥協

　　人生如海浪起伏無形。人生如同一場冒險，充滿了刺激和挑戰。

　　人生並不是一帆風順的。當面對困難甚至艱險時，要有勢如破竹的勇氣，是的，雖然堅持下去，誰也不知道最後究竟能否真的等到彩虹；但是若不堅持，人生自此將一片黑暗了。

　　趙雅芝非常看重家庭，在她 21 歲時就早早地嫁了人。但是她怎麼也沒想到，這一段她看好的婚姻，竟很快出現裂縫，由於她跟丈夫沒有共同語言，生活過得十分疲憊。那一陣子，她

整個人的狀態差到了極點。因為還有兩個孩子，自己身負為人母的責任，所以她苦苦地支撐著。但後來她在接受採訪時說：「很壓抑，連累工作也很累，整個人都很累。」

這樣黑暗的現實，並沒有把她打倒。兩個孩子也不是繼續維持失敗婚姻的理由。在1984年，因為工作的關係，她認識了瘋狂追求自己的現任丈夫。經過將近一年的磨合，她終於在1985年重新走進婚姻。直到現在，他們夫妻倆仍總是攜手出現在一些公眾場所。每當談到老公，趙雅芝都是一臉幸福的小女生模樣，可以想像，這段愛情帶給她許多的滋潤，令她的生活變得更加豐富多彩。

永遠不怕有一個全新的開始。在失敗時，保持一份「歸零」的心態，保持一股堅韌不拔和永不退縮的精神。

俗話說：「萬事起頭難」，或許我們不知道邁出這一步，是否能夠迎來光明的未來，但是如果不去嘗試，將連最後的一點希望也無法擁有。

除此之外，勇敢挑戰現實，要能夠克制住自己的壞脾氣和負面情緒，不受那些既定的悲傷事件影響。相信離婚這件事對趙雅芝的打擊也是很大的，因為她是那麼看重家庭的人，但是她並沒有選擇臣服於悲劇之下，而是毅然地站起來，追求新生活。

同時，要保持一種不卑不亢的心態，既不卑微也不高傲，不管走到何種境地，都要勇於捍衛屬於自己的尊嚴。對於離婚

## 第三章　轉戰臺灣，繼續成長

這件事，可以想像，那時的趙雅芝已經走紅，對於一個明星來說，她的離婚事件一定會被娛樂記者炒得沸沸揚揚。但是女神不懼怕這些，她很清楚自己要爭取一份可以信賴的愛情。她甚至為了爭奪兩個孩子的撫養權，不惜與前夫對簿公堂。趙雅芝是柔弱的，但是涉及她的利益問題，她一定會挺身而出，為正義而戰。

保持強大的戰鬥力、持久的耐心和高度的自制，永遠不向這個世界妥協，如此才可在繁華的世界中，看清自己，得到幸福。

擁有堅持到底的強大內心，以勇敢的心態迎接不可預知的變化，才可使人生之路走得更加淡定，充滿智慧。

# 第四章
## 傳世經典白娘子

第四章　傳世經典白娘子

## ● 綻放優雅：趙雅芝的人生軌跡

### 《新白娘子傳奇》不可替代的白素貞（一）

　　1992 年，趙雅芝應邀演出《新白娘子傳奇》。當時，已經 38 歲的她，依舊美麗優雅。電視劇一經播出，立即大受歡迎，而由她飾演的白素貞更成為無數人心中的經典，無法超越。

　　縱觀趙雅芝在演藝圈的發展，整體來說，也算順風順水。早年，在她尚未找到自己適合哪種類型的定位，曾在許鞍華的電影《瘋劫》裡飾演一名女反派，演技得到了導演和觀眾的一致稱讚。如果她願意，她絕對有能力成為商業片、文藝片裡的一代影后。

　　但是她卻對機會更廣、更受矚目的電影市場說了再見，轉而投身電視劇。從《上海灘》的馮程程到《京華煙雲》的姚木蘭，從《戲說乾隆》的程淮秀到《新白娘子傳奇》裡的白素貞，趙雅芝將溫婉秀美、外柔內剛的女性角色發揮到了極致——不得不說，她是一個非常聰慧的女演員，十分了解自己的長處。

　　可能有人會說，她只是知道自己只適合演這種類型的角色吧。但是其實 35 年前，她也在《女黑俠木蘭花》中飾演過一位女打手的角色，並且當時為了演好這個角色，還曾專門拜師練習武功，如今再看她以 60 多歲的高齡，在電視節目裡竟和小自

己兩輪的後輩們打拳擊比賽、做各種劇烈的運動，可以窺見當年她也是一枚響噹噹的「打女」。當然，這還不是最重要的，「打女」趙雅芝還憑藉木蘭花的角色，在東南亞紅透半邊天呢。

但是這些角色終不如馮程程、蘇蓉蓉、白娘子更深入人心。我想，其中的緣由大概是因為趙雅芝的倔強——她只願意做她認定的事。

她19歲進入演藝圈，21歲便結婚，演藝圈有可能為她帶來的風光，並沒有阻擋住她對家庭的渴望。《上海灘》開拍時，她已經有了身孕。在因為「馮程程」一角走紅後，她非但沒有趁熱打鐵、多接幾個角色發展事業，反而選擇了回家生孩子，並且中間因為顧家，幾度推掉片約，直到孩子3歲，才開始返回演藝圈。

這個不按常理出牌的趙雅芝，是心中總有自己所想的趙雅芝。

《新白娘子傳奇》大紅之後，又是這樣，螢幕內外不見她的消息，彷彿人間蒸發了一般，但其實她是做完自己該做的工作，踏踏實實地回家相夫教子去了。接拍《新白娘子傳奇》，趙雅芝對老闆提了唯一一個要求：每拍十天必須准她放假，理由是她要回家陪孩子們做功課。

或許正是她這種「知足」的心態吧，老天以豐厚的獎賞回饋了她，一部《新白娘子傳奇》，為她帶來幾十年長盛不衰的人氣。甚至有不少網友說：「趙雅芝憑藉這部戲，可以吃一輩子。」

## 第四章　傳世經典白娘子

　　正如她的外表貞靜謙和，即便身處演藝圈，她的內心也從不功利，這份心境，實在難得。

　　這部戲，也成就一段姊妹情，幾個月的拍攝相處，她以溫柔的性情征服了飾演丫鬟的陳美琪和飾演相公許仙的葉童。現在看這三個女人，不管其中一人走到哪裡，總會令人不自覺地想起另外兩人的影子，好像她們注定要永遠在一起。

　　趙雅芝和陳美琪的眼神交流，令人相信她們在臺下也有著甚好的私交，真是一對從螢幕裡走到生活中的姊妹。這其中也飽含了趙雅芝的聰慧。憑藉白素貞一角走紅之後，她並沒有瘋狂地參演更多作品，也沒有接拍更多廣告，而是沉下心來，回到真實的生活裡。趙雅芝以她出世的智慧，牢牢地征服了所有人的心。

　　網路上搜尋「如何評價《新白娘子傳奇》」，一名網友的回答是：「趙雅芝太美了！」還有網友說：「芝姐是一個對演戲『寧缺毋濫』的人。她所飾演的每一個角色都是自己認可或自己喜歡的，也就是說戲中的人物其實有很多品性跟她本人相似或者產生共鳴。《新白娘子傳奇》成為經典離不開芝姐、琪姐等所有人的努力。芝姐對白娘子最大的共鳴首先就是母愛。當時年過三十的她已有了三個孩子，並且都是親力親為地陪伴孩子長大，其中付出的偉大母愛應該是她這段息影時間裡最大的感受。第二當然是愛情。在和黃錦燊重新組成了新的家庭後，芝

姐真正地感受到了愛情所帶來的幸福,與白娘子寧願放棄千年修行,追求纏綿人間的心緊密地黏在了一起。十年修得同船渡,百年修得共枕眠。」這麼說來,或許成功演繹這個角色,也有一定的時機成分吧。

但是,不管怎麼說,《新白娘子傳奇》播出20年之後,還能在螢幕上再見到她那俏麗的身姿,已是一種前世修來的福氣。

## 《新白娘子傳奇》不可替代的白素貞(二)

一條修煉千年的白蛇,原本一心想要得道成仙,卻因為要尋找一千年前的救命恩人,不得已暫時停止求仙之道。遇到姊妹小青以後,兩人一起尋找恩人。原本打算報了恩就一起登仙界,卻沒想到自己與許仙產生愛情,甚至生下孩子,在人間結下一段令人回味無窮的人蛇戀。

拋開這個故事的傳奇性,我們來談談人們為什麼會喜歡白素貞。首先,從她的外形上來說,白素貞是美的,她與許仙初遇的片刻,凝眸相望的一眼,不僅震驚了痴痴傻傻的許仙,更令電視機前的我們忍不住發自內心地讚嘆:「啊,這世上竟有如此美貌的女子!」若是仔細觀察趙雅芝的長相,會發現年輕時的她美則美矣,卻少了那麼一絲成熟女性的韻味,而時年38歲的趙雅芝溫婉大氣,身上又有一種母性美。可以說,白素貞這個

## 第四章　傳世經典白娘子

角色實在太符合她此時的條件了；其次，白素貞的性格溫婉，集女性所擁有的優點為一體，是女性的理想化；最後，她身懷絕技，能夠陪著丈夫許仙一起吃苦，在他落魄的時候也絕不離棄，總是陪伴愛人化解人生的一道道難關。這種不管發生什麼事都不會分開的堅定，更是吸引人。

有一句俗諺：「夫妻本是同林鳥，大難臨頭各自飛。」可見很多現實生活中的夫妻，可以一起享福，卻不能共患難。而趙雅芝扮演的白素貞，不論艱難險阻，甚至為了救許仙的性命，不惜冒犯天庭、惹怒王母，她的犧牲和大義，令人感懷。

雖然許仙是她的救命恩人，但是她明明可以僅報答一時的恩情，卻偏偏為了愛情，付出所有，來回報這一世。對待丈夫、對待家庭，白素貞任勞任怨，知書達理，而對待蒼生，同樣懷有一顆慈悲的心腸。

她知道許仙的心願是開一家藥鋪，於是不惜借用法力幫丈夫實現心願，她從來都不說一句辛苦。因為很多窮人家沒錢治病，她便大發慈悲，免費為窮人診治、發放藥品，甚至知府的妻子難產，也冒險化身觀世音，救了他們一家人的性命。這樣善良的素貞，儘管後來很多人知道她是一條白蛇，也都不再用異樣的眼光看待她，而是感懷她的恩德，百姓們更是感慨：「她是活菩薩，她是觀世音！」

對待小青，情同手足，親如姊妹，這才使得小青在外人面

前，甘願自降身價，以家裡的僕人自稱。她對小青的一片真情，也換來了小青的生死相許。

白蛇原本是條善良的白蛇，奈何修仙命中遭此一劫。因法海執意拆散他們夫妻，擅自將許仙扣留在金山寺，白素貞不得已調動天兵天將，「水淹金山寺」。生靈塗炭，是她違背本意的無奈之舉，她自知此舉一發，罪孽深重，但為了一個「情」字，她已顧不得許多。

為了許仙，白素貞上天入地，一千年辛苦得到的修行，她說不要就不要。因為此時的她，已經有了家庭、有了孩子，已經不單單是報一份恩情，而是在履行一位妻子、一名母親的責任──而這不正是中華五千年的傳統文化最看重的嗎？我們重視女性作為妻子和母親的本職，認為母愛高於一切，白素貞的一切表現合情合理，因為她背後支撐著的，是一個家庭。

更難得的，她雖是一條蛇，身上卻充滿了人性。哪怕是對待自己的仇敵，也一向能夠做到「得饒人處且饒人」，並不會仗著自己有千年的法力，就將修行的同伴趕盡殺絕。所謂「人不犯我，我不犯人」，倘若不是被逼急了，或許永遠不會有手刃敵人的一天。

最後在被法海捉拿的關鍵時刻，她已完全不是一條蛇，而是充滿母性光輝的一個人。原本，在小青的幫助下，她可以逃離法海的魔掌，但就因為聽到了許仕林的一聲啼哭，母愛被召

## 第四章　傳世經典白娘子

喚,再次返回家中,這才被法海擒拿。但是即使面對法海這樣的「惡勢力」,她也從來不卑不亢,保持著女性的尊嚴。

這樣的白素貞,簡直就是一尊神、一個仙,她只屬於傳說。但是趙雅芝卻把她演出了真實的感覺,我們看她飾演的白素貞,雖然身上貼有神話的標籤,又美得不可方物、人間罕有,但是竟感覺不到一絲虛假的成分,這是她最大的成功。

這個角色之所以能夠獲得空前的成功,與她的個人魅力不可分割。可以想見,她本人和白素貞這個形象保持著高度的一致,所以演起來才能有如此逼真的感覺。

我們來看一段電視劇中的情節,分析白素貞的性格,你會發現,這個女子,自有無窮的魅力。

在第26集中,白素貞生完仕林,許仙感慨小青蛇毒未消,孤身一人,不能與凡人婚配,真是楚楚可憐。白素貞聞言,語氣堅定地回他,不可憐。許仙不解,繼續說道,渴望被愛,眾生皆同。誰會願意孤零零的呢?然而這番話依舊無法說服她,她看到的,永遠是事物的另一面:「若青兒能從中得到啟示的話,那反而對她有利。」

她雖有家庭,眷戀塵世,可是也知道塵世修行的痛苦,還沒遇見許仙之前,她便嚮往早登仙境。但是如今可以為了家,放棄心中夢想,不得不說是破釜沉舟的偉大舉動。其實說到底,在她心裡,如果可以選擇,她還是更願意拋卻紅塵,了無罣礙

地上靈山。

劇情中有很多這種橋段，白素貞作為一個智者，為許仙答疑解惑，可以想見，在這個家庭中，並非以男性許仙為主導，而是女性白素貞以她的智慧在引領一家人。這一點，恐怕也是世間男子眾所求之，能力強的人，責任更重，這個道理我們都懂，但是白素貞，卻是心甘情願地為了家庭背負責任。

如果仔細觀察，就會發現趙雅芝將白素貞此刻的矛盾，演繹得非常細膩。她的眼神裡既有對守家的渴望，也有對修仙的決心。這種矛盾的呈現，非常考驗一個演員的功底。

白娘子對許仙的愛，令許仙從一個沉迷紅塵的普通男子，昇華至領悟佛法的仙人，這是一個她最強大的地方。就許仙的轉變來說，白素貞無疑是度化了他。

在第30集中，許仙來到金山寺，自願剃度出家。他從怨恨、糾結法海為何一定要拆散他們一家人，到開始領悟到情愛的根本，能夠接受生命中注定到來的苦難，並且下定決心清修，不惜失去自由，以回報白娘子對他的一片情意，這種巨大的反差，無疑是白素貞一路引導的結果。

在金山寺，他決定出家時與法海有這樣一段對話：

「許仙，老衲替你取法號道中，意思是皈依三寶之後，諸惡莫做，諸善奉行，參三乘妙法，回原來色相，倘能苦心修行，

## 第四章　傳世經典白娘子

不滅善根，方成正果。」

「徒兒謹記師父教訓，相信人有善念，天必從之，人有悔意，天必憫之。我是個懵懂痴呆的負心漢，愧對結髮妻子白素貞甚深，現在跪在佛祖面前懺悔，願將此後修行功德，迴向愛妻，助她早日脫離苦海，飛登仙界。」

他以前只想著要娘子守護在身邊，以妻兒團聚為樂，以家庭的和睦作為人生最大的目標，而現在，卻甘願還白素貞自由，甚至願意為了她而犧牲自己。相比之前，這是一個何等超脫的境界呢。

至於法海繼續說他還是執迷不悟，許仙也只是冷靜地回答：「徒弟雖痴迷，卻已了悟，我娘子的罪災全因我而起。如果她不思恩情，即無避兩情緣；如果她絕情背義，何致水漫金山？我才是真正的禍首，我耳根軟，相信讒言，我人痴呆，辜負髮妻。我是來懺悔的，就在肇禍之地懺悔；我也是來修行的，就在我仇人面前修行。如果我能見你而不怒不怨不恨，那豈不是就得道了嗎？所以在你面前修行最為不易，功德卻也最大最好。」可見，小男孩已經真正地成為一個男人了。

白娘子到底長什麼樣子，我們誰也沒見過。但因為趙雅芝，我們認識了白娘子。唯有當一個角色和一名演員完全契合，這個角色才能令人印象深刻，這名演員也才能成功。所以說，她是永遠的白娘子，不可超越的經典。

## 一人兩角，至情至性胡媚娘

　　在這部《新白娘子傳奇》裡，趙雅芝同樣一人分飾兩角，用她的功力將白素貞與胡媚娘演繹出完全不同的兩種風情，以至於有網友說：「從33集胡媚娘出場開始，才真正喜歡上這部電視劇。」有更多網友形容，他們喜歡白素貞，摯愛卻是胡媚娘——為什麼同一個人扮演的角色，卻能引發如此分明的愛恨？

　　論實力，白素貞有千年的道行，胡媚娘卻只有五百年的修行；論長相，白素貞清雅脫俗、貞靜美好，胡媚娘的打扮顯然有些小女孩的心性；論情緣，白素貞是為了報恩，有目的地尋找，而胡媚娘卻是誤打誤撞，一見鍾情。

　　還記得在青龍坡的山路上，與許仕林一見鍾情的胡媚娘，焦慮地扮作一個平凡女子，想要和他說話的樣子，那種不忍郎君看到自己容顏醜陋的擔心，以及將對方嚇走之後的痛苦和無奈，如果不是真的愛上了，又怎會如此嫌棄自己、看輕自己？那不正是初次喜歡上別人時的我們，才會有的緊張和不安？

　　為了獲得一副美麗的容顏，她利用法術變成撿來的畫中白素貞的模樣。於是，一個活脫脫清麗的媚娘誕生了，但是如果她注定只能以醜的容顏與許仕林相處，我相信時間久了，他亦能接受她心底的良善。

　　情竇初開，胡媚娘是小女子，要跟心愛的人一起喝茶、逛

## 第四章　傳世經典白娘子

街、討論學問,甚至還要親手為他刺繡,縫製衣裳——愛一個人的細節,全在臉上,全在心底。低下頭去,是那嬌羞的一團溫柔;抬起雙眼,眉目裡正映出他一張俊秀的臉。

同樣是面對愛情,白素貞愛得果敢,因為她法力強大,即便後期有死對頭法海,卻也有文曲星護體,不怕他亂來;而胡媚娘呢,她什麼都沒有,與許仕林的塵緣僅是宿命中偶然的一段插曲,注定沒有結果,所以她只能享受愛著的過程。甚至,她還要時時屈就於金鈸法王的制伏,佯裝為他去殺自己的心上人。胡媚娘的愛,是小心翼翼的愛,是提心吊膽的愛。

因為白素貞對許仙所做的一切,皆有「報恩」二字做為鋪陳,所以她做什麼都是順的、對的、光明正大的,人人羨慕地說:「看啊,許仙得了什麼福,娶了那樣一位有品有貌的娘子。」

而胡媚娘,她雖生得美麗、人品善良,卻處處不被鄉鄰看好,人人嫉妒她的美豔,誹謗她是個狐狸精,她的身邊只有小姊妹彩英,偶爾為她打抱不平。彩英是這場愛情的見證人,也是局外者,她比媚娘看得清,很多時候,她已經在勸媚娘不要執迷不悟了,然而陷在愛情裡的人,心裡、眼底就只剩下那個人的好,哪裡還脫得了身?

她知道大家不喜歡自己,甚至許仕林的「母親」也看自己不順眼,但她還是全心全意地愛著他。聽說他生病了,她放下顏面,親自跑到府上探望,言語間全是關心,就連喜歡仕林的碧

蓮也有些迷惘了。

　　為了仕林,別說五百年的道行,她連命都可以不要。而這一切,完全只是出於愛情,不像白素貞是為了維護家庭的周全、為了維護丈夫和孩子的周全。單就這一點來說,胡媚娘可能更偉大。

　　她這麼拚命地付出,從不敢奢望自己能和仕林結為夫妻,雖然觀眾知道仕林早已有了碧蓮,也對突然闖出的胡媚娘給予心疼——能夠做到這一點,真的是太難得。最後,她果然還是逃不過宿命的安排,為了救仕林,犧牲在金鈸法王的金輪之下,臨走之前,她為了讓碧蓮寬心,還專門來到她的帳前,告訴她「他是屬於妳的」。小女子的大氣,與白娘子的大氣,是截然不同的。

　　白素貞的身上背負著天譴、背負著家庭的責任、報恩的責任,因為枷鎖太多,所以注定不能有太多的活力。她的愛情,還沒開始,就進入婚姻。所以我們注定無法看到戀愛時的她是何模樣。而胡媚娘就不同了,她不曾想過以後,有了愛情,她也不在乎別人的看法,只一心一意對待她的仕林。

　　白素貞是傳說,人們想起她,會想到斷橋、想到竹傘、想到雷峰塔;而胡媚娘是路過,人們或許根本不會想起吧。那畢竟只是通往人生之路的一個階段,猶如我們修成婚姻正果前的一段路過的愛情,注定美麗而短暫。所以提起白素貞,人們會崇

## 第四章　傳世經典白娘子

拜，而說起胡媚娘，人們會沉思。

她是玉兔精，也是一個活脫脫的少女。在她的身上，我們看到的是青春的模樣，是一個女孩最初遇到愛情時的驚慌、可愛、不顧一切。

想到她最開始扮演一位胡公子，接著又繞了一大圈將自己變作胡公子的妹妹，介紹給仕林的可愛樣子，我就總忍不住多看她一眼。

不管是對彩英，還是對看不起她的鄰居，抑或對碧蓮，始終保持一顆寬容的心，甚至試圖將自己變成碧蓮最好的姊妹。她的心裡沒有雜質，像珍珠一樣乾淨，所以仕林才會那麼愛她。即便第一時間知道她非凡人，也仍然堅定地愛她、不會離開她。

她和相愛的人沒有一世的情緣，儘管愛得深刻，也終在自己的姊妹枉死之後，認清她的宿命，重新投胎。她的語氣分明已經想開，不再對這段感情有任何的眷戀，她的精神得到了超脫。而這相較於白素貞最終的得道成仙，她有著更深的人生體會。我始終認為，或許還是許仙更愛白素貞多一些，畢竟成仙原本不在他的人生計畫之列，而最終為了團圓，他還是放棄了人間，追隨她去到了天界。

我不禁這樣想：要是一開始，許仙沒有清秀的長相，白素貞還會以身相許嗎？即便小青也曾因為這一點質疑過她，但最終她

還是選擇了相守。

對白素貞，我們以為她是高高在上的，唯有許仙這樣的夫君才能相配，唯有斷橋、竹傘、雷峰塔的傳奇才能相稱；而胡媚娘，她親切、真實得像一位鄰家小妹，可愛、活潑、善良，是現實裡可以幻想、期許的對象。正是這一份真實，打敗了只存在於幻想裡的白素貞，讓胡媚娘如此鮮明，讓觀眾這麼厚愛。

一個天上仙，一個地上人。趙雅芝把這兩種截然不同的女性狀態表現得淋漓盡致，演技可以說已是爐火純青。

## 《新白娘子傳奇》走紅背後的奧祕

《新白娘子傳奇》有相當多的經典之處，我只能以一個觀者的姿態，略寫一二。

首先，它很新奇。有傳說的色彩和玄幻的成分，當然是一大特點。但最新奇的，還是它採用了戲曲歌舞的形式，而且用的是非常好聽的黃梅調。

黃梅調最早起源於邵氏的黃梅調電影。在 1960 年代，「黃梅調」是港臺電影界最重要的類型電影之一，有近百部的「黃梅調電影」在這十年間陸續問世，其中，李翰祥於 1962 年導演的《梁山伯與祝英台》令黃梅調更加廣為人知。

臺視《新白娘子傳奇》製作人曹景德在原版小說的前言裡這

# 第四章　傳世經典白娘子

樣介紹：「《新白娘子傳奇》是臺灣電視公司年度壓軸大戲。該劇以《白蛇傳》為架構，重新改編拍攝，強卡司、大製作，可謂歷來難得一見的好作品。當初，臺視節目部經理熊廷武先生找到我，他說他一直有個構想：做一部能夠發揚中華傳統文化，又注重黃梅調表現的連續劇，於是，要審慎地去思考研究。在一連串的企劃過程中，也曾有過《梁山伯與祝英台》、《水滸傳》等的提案，爾後皆顧及題材無法推陳出新而作罷。

　　經再三研思，終於，《新白娘子傳奇》從眾多企劃案中脫穎而出。除了內容家喻戶曉，能引起大家共鳴之外，在表現手法上，也較容易創新。譬如，劇中的黃梅調，特請名作曲家左宏元先生，創作了所謂的『新黃梅調』，劇中一些特技的處理及畫面的表現，也一改以往簡陋粗糙的攝影及剪接技巧，專程從美國購置了美金六萬元的『變形』軟體來做電腦特效，以期讓觀眾獲得最新、最逼真的視覺享受。此番推出的《新白娘子傳奇》，就劇情而言，除了注重許仙與白娘娘情感的纏綿悱惻之外，更加入許多軼事小傳，使故事不但『情、理、法』兼具，其立意也頗為反諷。在演員陣容方面，我們則依據去年港臺最美麗的女明星票選，力邀港星趙雅芝來擔任『白娘娘』此一要角；『許仙』則由反串扮相特別俊俏的港星葉童來飾演，以期將原來在原『白蛇傳』中較窩囊的許仙，另外創造出『葉童式許仙』的風格。此外，青蛇及法海二角，分別由港星陳美琪和臺視老牌演員乾德

門飾演,其餘主要演員亦皆由臺視資深演員擔任,陣容可謂十分強大。值得一提的是,配合《新白娘子傳奇》的播出,多樂坊文化事業有限公司也同時出書,使觀眾除了電視的直接視覺享受之外,還可沉醉在文字雋永的回味之中。對廣大讀者及熱情的《白蛇傳》迷而言,不啻為最佳禮物。」

從以上這段話中,我們可以看出:這部劇是一部原汁原味的古裝劇,色彩鮮明,人物細膩。整部劇有非常深厚的文化底蘊,突顯中華五千年來的傳統文化,具有很高的文化價值,並且採用黃梅調的形式唱出對白,朗朗上口,很自然地把戲曲和影視結合起來,用音樂為劇情增添無限風采。

那麼,它是如何體現中華的傳統文化的呢?

許仙露面的開場,即是清明節。祭奠先祖,緬懷古人,這是中華民族千百年來重視的孝道,再結合上墳情景時的唱詞,更能突顯思念已去故人的悲涼,「三月三日是清明/家家戶戶去上墳/有的墳上飄白紙/有的墳上冷清清/深重追遠來祭祀/焚香頂禮是兒孫/一年一度行孝道/每逢佳節倍思親⋯⋯」不僅唱出了上墳的淒涼,更將觀眾帶進傳統的氛圍之中。

白素貞與許仙結姻緣,辦的是傳統婚禮,新娘要戴鳳冠,穿紅袍,坐花轎,而新郎要騎高頭大馬。拜堂的時候,兩個人也要施行傳統婚禮的禮節。一拜天地,二拜高堂,夫妻對拜,然後送入洞房,大紅燈籠高高掛,大紅燭火高高燃,哪裡都是

## 第四章　傳世經典白娘子

紅的,熱鬧非凡。

劇中還提到端午節。端午節,家家戶戶包粽子、喝雄黃酒,許仙家也不例外。當他興沖沖像孩子一樣拿回雄黃酒的時候,夫妻倆在房裡唱著團圓的歌。當回憶一個電視劇片段時,你能想到具體的畫面,這就說明它的拍攝是成功的。沒錯,愛情是一種感覺,可是,愛需要呈現出來,這部電視劇做到了。

再者,它還詮釋了儒釋道文化。儒家文化的體現,代表人物有皇帝、錢塘縣令、許仕林等人物。特別是許仕林,儒家強調「百善孝為先」,許仕林狀元及第,沒有直接回家,而是登雷峰塔救母出塔,可謂是儒文化的傳承。

釋文化的體現,代表人物有法海,法海雖然一心收服白蛇,但也只是聽從上天的安排,他身上還是有佛性,所以觀眾也難以真的恨他。比如對於梁相國之子這種做盡壞事的人,也一樣不計前嫌,超度護送其屍首回京。

道文化的體現,代表人物則有王道靈,而他的出現及他所製作的萬靈丹,也再次詮釋道文化的精髓,即求長生不老。

除此之外,本劇還出現大量的經文,貫穿在情節裡,令人回味無窮。

比如,第 31 集中白素貞的一段念詞,就出自〈大慈菩薩發願偈〉:「無邊煩惱斷,無量法門修。誓願度眾生,總願成佛道。

虛空有盡，我願無窮。情與無情，同圓種智。南無十方三世一切佛。」

比如，許仙出家後，也有一段出自〈淨土發願文〉的念詞：「眾罪消滅，善根增長。若臨命終，自知時至。身無病苦，心不貪戀。意不顛倒，如入禪定。」

再比如，分別出自《華嚴經・普賢行願品》和〈白衣觀音大士靈感神咒〉的兩段念詞：

「我昔所造諸惡業，皆由無始貪嗔痴。徒身語意之所生，一切我今皆懺悔。」

「天羅神，地羅神。人離難，難離身。一切災殃化為塵。」

最後，葉童的反串也是本劇的一個經典。

因為有著這些根基，所以這部劇值得反覆咀嚼、再三品味，每看一次，都能有不同以往的新收穫。

## 「趙雅芝現象」（一）

1992 年，因接拍《新白娘子傳奇》而大紅大紫的趙雅芝，片酬一躍漲至 300 萬港幣，成為臺灣影視圈片酬最高的藝人。

媒體曾經報導，趙雅芝拍新白娘子時的片酬是每集 4 萬港幣，折合臺幣約 16 萬。她拍下一部戲時，片酬就翻了一倍，變成每集 32 萬臺幣。

## 第四章　傳世經典白娘子

因白娘子一角的成功,趙雅芝迅速紅遍全臺,甚至燃起一股「趙雅芝熱」。

當時有官方報導這樣寫道:「1990 年代,臺灣三大電視劇之間的競爭可謂非常激烈,『中視』被其他兩臺打壓得決定打一場翻身仗,於是就拿出殺手鐧——戲說劇。戲說劇作為『中視』的王牌劇,其投入高達近 4,000 萬臺幣(約合港幣 1,000 萬),這已經算是當時的天文數字——1990 年,『中視』投拍《戲說乾隆》,以 546 萬臺幣(合港幣 131 萬)簽下女主角趙雅芝。次年 5 月 15 日《戲說乾隆》在『中視』首播,第二天臺灣各大媒體就在報導其頭一天晚上的收視率了,之後戲說的收視率一再攀高,是 1990 年代在臺灣唯一一部平均收視超過 40% 以上的電視劇。」

「《戲說乾隆》的火爆讓趙雅芝的人氣、片酬及影響力再度達到巔峰。這之後趙雅芝的片約就非常多,由於看重趙雅芝在中國市場的強大號召力,香港電影片商曾以高酬勞邀請她進入電影圈。但是由於種種原因,趙雅芝委婉拒絕,這就是她的個人魅力,不是看酬勞高就接戲,或許正是這份獨特的個人魅力,使她成為火紅時間最長的華人女明星。就在次年,《戲說乾隆》的餘熱還未散去的時候,她為嘗試新的戲路,接了一部火爆至今的電視劇——《新白娘子傳奇》。」

「《戲說乾隆》之後,趙雅芝身價大漲。拍攝《新白娘子傳奇》時,她的片酬結算方式已由之前的稅前臺幣結算換成稅後港

幣結算，此時趙雅芝的片酬已經位列當時女明星片酬中最高之一了。縱觀整個演藝圈，沒有幾個女明星能夠與之並駕齊驅。」

「《新白娘子傳奇》當年造成的轟動自不必言說，相信只要經歷過那個時代的，就一定會有感觸。作為一部影視作品，其當時的收視率僅僅是衡量其影響力的一部分，更重要的是這部作品必須要有持續的影響力，那些年和這部劇一樣首播時創造了高收視率的電視劇很多，可是能和這部劇一樣在20年來反覆被中國引進、反覆重播的則屈指可數。紅極一時與影響力巨大的區別，正在於此。」

1990年代中後期，已經迎來事業第二高峰的趙雅芝，卻意外地「息影」，將生活的重心再次轉移到家庭中。此後，她接戲甚少，只是出於興趣，產量很低。或許正是因為她的這種淡定與從容，她的影響力一直都在。

1980、1990年代，是屬於她的黃金時期，她為我們貢獻了太多的經典形象，無論是在香港的起步，到成為香港最紅的偶像之一，以及後來到了臺灣發展，憑藉一部《新白娘子傳奇》成為聲名大噪的巨星。她的事業之所以如此順利，與她的勤勉與智慧不可分割，作為一名演員，她不浮躁、不功利，知道自己的優勢，更知道以退為進。而另一方面，她既是一名明星，也是丈夫的妻子、孩子們的母親，她妥善地將這三種完全不同的角色結合，在家庭與事業之間找到了完美的平衡。

## 第四章　傳世經典白娘子

### 「趙雅芝現象」（二）

趙雅芝能夠擁有如此之多的影迷的原因，除了她非凡的美貌和嫻靜典雅的氣質，更在於她善解人意的溫和、包容寬厚的母愛，可以說，女性的傳統美德在她的身上得到完美的展現，不少年輕的女性都渴望成為像芝姐一樣的人。是啊，看看現今已 60 多歲的趙雅芝，身材保養猶如少女，臉上常常掛著溫暖明媚的笑容，不禁讓人感嘆 —— 世間果真有人能夠如此優雅地老去！

她的這種魅力，是一種文化的薰陶，是一種個性的完美修養。

首先，她天生麗質，是演藝圈公認的古典美人，非常適合扮演古裝角色。這種甜美的扮相，在今天這個浮躁的社會就更顯得彌足珍貴。試想一下，當我們看慣了塗脂抹粉的「網紅臉」，偶爾看到這麼一張清麗脫俗的面孔，一切都如古代山水一般的寧靜、溫婉，這種超凡脫俗的古典美，怎麼能不讓人嚮往？這是一種對傳統文化的追本溯源，更是一份對古典文化的精神寄託。

其次，趙雅芝以 38 歲的「高齡」扮演了仙氣十足的白素貞和清麗脫俗的胡媚娘，兩個角色絲毫不與她的年齡衝突，所以她絕不是那種到了年紀就只能轉型飾演與自己相同年齡層次角

色的演員,而依舊可以輕著羅紗,繡帶飄飄,步態輕盈,演繹妙齡的女子。雖然在現實生活中她已是三個孩子的母親,但是在劇情裡依舊能夠拾撿角色需要的青澀,將每個角色的演繹做到舉重若輕,真可謂功力深厚。

再者,拿她在《新白娘子傳奇》中的表演舉例,她的表演採取別具一格的「輕戲曲化」的形式,一舉手、一抬頭,並不是特別的生活化,總有一些「仙」的氣質,這很符合她的形象以及古裝劇的氛圍,打下一種「雅」的基礎。

很多女孩迷戀趙雅芝,是想讓自己以她為榜樣。還有一些學生是因為從她身上看出了母性的溫柔,所以在受傷或感到委屈時,可以借芝姐的懷抱躲一躲。她的慈母氣質可以揮去人們心中所有的愁雲。還是那句話,誰不喜歡溫婉柔美的人呢?一想到那種笑,那種話語,都是溫暖的,想要不喜歡也是很難的吧!

## ● 練習優雅:跟趙雅芝學做優雅女人

### 把握時間,做時間的主人

俗語說:「一寸光陰一寸金,寸金難買寸光陰。」時間的重要性,不言而喻。對每個人來說,時間都是寶貴的。時間,猶

## 第四章　傳世經典白娘子

如白駒過隙,在須臾之間消逝得無影無蹤。

馬克西姆‧高爾基(Maxim Gorky)說:「世界上最快而又最慢,最長而又最短,最平凡而又最珍貴,最易被忽略而又最令人後悔的就是時間。」對於一個人來說,如何管理他的時間,就等同於如何對待他的生命。

趙雅芝就是一個很會把握時間的人。雖然十幾歲時,她跟我們一樣,對未來沒有方向,不懂得自己要做什麼。但是她有一個當空姐的夢想,有夢想就去做。成功當上空姐之後,她又在媽媽的支持下,參加了「香港小姐」選美,由此進入演藝圈。雖然如此,她對家庭依然看重,21歲的年紀就在媽媽的安排下,建立了家庭。雖然第一次婚姻失敗了,但是她並不氣餒,為了兩個孩子重新振作起來,演了一系列經典的電視劇,最終走紅。

又在巔峰時期,為了照顧家庭選擇隱退,到現在,她既擁有完美的家庭,又擁有令人羨慕的事業,可謂是事業與家庭雙豐收的女性典範。

一樣有限的時間裡,為什麼趙雅芝做到了這樣的兩全其美?答案就在於,她從不對時間過分苛求,而是到了什麼年紀,就去做那個年紀應當做的事情。不管是拍戲還是接受訪談,她向來都是做好準備才去。因為這樣能為她增添更多的自信,將自己的優點充分發揮出來,讓事情順利進行,更是節省

時間。她一直都是個有計畫、有安排的人，也一直都很珍惜時間。

我們怎樣對待時間，時間也會同樣地對待我們。「時間就是金錢」，唯有把握好時間，就能用它換來財富。

人的一生有幾件大事：升學、工作、結婚、生子……這些普遍的事情，大家的效率卻各不相同，有些人能夠做得很好，有些人就不行，這也客觀反映出不同的人是如何掌控時間的。

我們常有這樣的感受，明明花很多的時間去完成一件事，可是效果卻並不好。這是因為人的注意力總是有限的，誰都沒辦法長時間集中精神在同一件事情上。有一個著名的「二八法則」，要用百分之二十的時間去解決一天中百分之八十的事情。只有高效率地做事，找對方法，對症下藥，才能更充分、更有效地把握住時間，提升自己的個人價值。

務必謹記，在時間面前，不要逃避。尤其是面對痛苦的事情，很多人的想法是這樣：這件事我不想做，明天再處理吧，下個禮拜再怎樣吧。千萬不要抱有這種想法，拖延症一旦形成，將會不可估量地吞掉你的時間，並且消耗你的精力。今天不想解決的事情，放到明年，也仍然是不想面對的，還不如早點解決。

為了更妥善地把握時間，可以替自己安排一個「不被打擾的時間」，這個不被打擾的時間，可以是一個小時，甚至幾分鐘，

## 第四章　傳世經典白娘子

在這段時間裡，你要儘量切斷與外界的聯繫，給自己獨立思考的空間。堅持下去，你將發現，用這種方法，你的工作效率將獲得極大的提升。

我們要學會積極主動地把握時間，唯有如此，才能合理分配時間，並在規定的時間內完成想做的事。把正在經歷的每一分鐘當成是你的最後一分鐘來過，才會有更大的收穫。

## 不功利的人生才優雅

不知道從何時開始，人們變得越來越浮躁、越來越功利。寫完一篇文章，幻想著馬上就有上萬的點閱量，就有廣告商來找自己登廣告，就能立刻實現「財富自由」；喜歡上一個女孩，幻想著今天她就答應做自己的女朋友，明天就舉辦婚禮；換一份工作，幻想著立刻月薪翻倍，當上主管……

我們越來越等不及自己成長，也越來越關注同齡人是否正在變得比我們更優秀。我們生怕慢一步，就永遠地失去了與別人競爭的機會，成為一個失敗的人。

或許是都市的快節奏發展影響了我們，或許是不確定的明天總使人感到焦慮。人心惶惶，甚至都沒時間好好吃一頓飯，替自己換上舒展的心情。在競爭激烈的演藝圈中，想必環境更加惡劣。特別是對於發展相對有著更多局限的女性來說，容顏

一天天老去,身材也不會總是那麼完美,處境變得越來越艱難。

很多明星都幻想著,今天走紅了,明天就稱霸螢幕,接無數的廣告、拍無數的戲,賺到口袋飽飽,可以買下蛋黃區的房產……

功利,好像正在吞噬人心。但無論環境如何艱險,趙雅芝從未盲目追求功利。她幾次在巔峰時隱退,僅僅是為了有更多時間去照顧自己的家庭。對她來說,家庭的美好才是她追求的事業,說到底還是為了家庭。

或許是因為沒有什麼功利心,她從來都不勾心鬥角,大大方方地做自己。她是一個能夠認識到真我、知道自己想要什麼的人。

生而為人,客觀環境是我們無法改變的,但我們可以改變我們自己,是誰規定面對激烈的競爭就一定要玩個你死我活?我就想簡簡單單地活不可以嗎?只要你能認知到正確的自己、引導自己走上一條正確的道路,這些都不難實現。

想要不被功利的世界牽著走,首先就要學會傾聽自己內心的聲音,了解自己真正想要的是什麼。比如寫作,如果你想成為一個有名的作家,用寫書去賺錢,就要有目的、有方法地培養自己的寫作技巧,多跟一些成功人士交流,保持對圖書市場的敏感度,知道讀者喜歡什麼;但如果你寫字只是出於自己的愛好興趣,只是為了讓自己開心,那就簡單地堅持下去,不必

## 第四章　傳世經典白娘子

動什麼腦筋。人都是透過自己來認識世界，所以，要隨時真誠地反省自己、傾聽內心深處的聲音。

其次，堅定人生信念，做最真實的自己，凡事不要跟別人比。俗話說：「沒有比較，就沒有傷害。」

我們身邊也許不乏這類人，他們吃飽了沒事做，總喜歡拿自己的人生跟別人做比較。比如有些人會說公司某某同事買了房子，每天開著車上班，而自己卻要擠捷運，加班晚了，還會偶爾趕不上車；有些人會說，自己還是單身，可是別人的老公卻那麼溫柔……你不是別人，怎麼知道別人為獲得今天的幸福所受的委屈和辛苦呢？這個世界上沒有什麼是能夠輕易得到的，更沒有什麼是免費的，如果一些東西你真的想要，閉上嘴巴，老老實實、腳踏實地地去努力奮鬥。

當然，每個人都有自己的人生。不是所有的人，都是同一種生活模式。有的人，生下來就走了順利模式，而有的人則是磨難模式，人跟人是不能比的。認清自己的人生、做真實的自己即可，沒必要浪費時間去跟任何人比。

最後，做出正確的選擇，堅信自己的選擇。希拉蕊‧柯林頓（Hillary Clinton）說：「每一個人都不應該隨波逐流，要充分地認識和相信自己、傾聽自己的心聲、做自己想做的事情，這樣的人生或許會很多曲折，但是我認為是最有價值的，也是最好的生活方式！」

每個人不但要知道自己選擇的路，而且能夠做到為自己的選擇負責。這才是一個成熟的人應當做的。當一個人知道要去哪裡，全世界都會為你讓路。

永遠記住，一定要讓自己快樂！不要過度關注外界的眼光，人生是自己在主宰，同時也是自己在體會，而不是那些閒言碎語。

為自己的人生負責，堅定地樹立起專屬自己的風格，像女神趙雅芝一樣，活得風光，活出漂亮。

## 炫耀是優雅的天敵

當年，已年屆不惑的趙雅芝，以一至兩年內僅拍一部片的「低產」率，沒有過多的炒作和宣傳，竟掀起一股「趙雅芝熱」。

究其原因，主要還是她強大的人格魅力。正如「梅花香自苦寒來」，梅花的香氣難得，但也不必自己訴說，風一吹，千里之外都能嗅到它的芬芳，了解它的美麗。

趙雅芝的優雅，亦是如此。

她的優雅，從來都不靠炫耀獲得，那是一種非常自然的深入人心。她做到了，你看到了，然後更多的人記住了，僅此而已。她始終堅持自己的風格，並且用這優雅的風格感染了我們、吸引了我們，讓更多的人願意為她買單、為她駐足停留。這是魅力的自然揮發，無關任何的炫耀。

## 第四章　傳世經典白娘子

也可以說,她是一個知進退、懂分寸的女子。

在生活裡的她,永遠那麼謙遜、低調。縱然知道自己的粉絲眾多,她也沒有過度驕傲,而是對每一位粉絲都很用心,對每一份愛心懷感激。在她的個人履歷上,「最喜歡的人」那一欄裡,永遠寫著「家人、朋友和粉絲」,可見,粉絲在她的心目中,有著相當重要的位置。

明明是她靠自身努力贏來的榮譽,卻對粉絲的關愛心懷感激,絲毫沒有炫耀的意思。「美而不自知」,是一種莫大的高尚情懷。

這樣的知曉分寸,令她不管與誰交往,都能輕鬆地做到和諧共處,即便與人發生衝突,也會溫柔、巧妙地處理。

知進退的女子通情達理,原因就在於她們知珍惜,懂得失,明捨得,進退有度,分寸有禮;她們落落大方,知道在恰當的時間說恰當的話,能夠讓彼此的關係停留在舒適區;她們秀外慧中,能夠漂亮地處理人際關係,讓自己在各色各樣的人之間遊刃有餘,入世卻不世俗。

真正的優雅是知進退,懂分寸。我們可以從以下幾個方面學習:

首先,懂得察言觀色,洞察人性。察言觀色就是能迅速判斷對方的意圖,理解對方行為背後的含義。可以多嘗試和不同種類

的人群交往，在交往的過程中，多觀察、多總結、多思考，多練習幾次，就會有成效。也可以透過微表情來判斷對方的心理活動，當然這需要事先懂一些心理學。這個可以慢慢學。而所謂洞察人性是指從日常生活中累積生活經驗，從而掌握事物的發展規律，最終找尋對方的心理安全區，讓自己處於對方的安全地帶，不越界、不冒犯，保持彼此關係的融洽。

其次，懂世故卻不世故，精明但不圓滑。明白這世上的一切人情世故，但拒絕讓自己做一個市儈的人。真誠地與人溝通，懂得見好就收，不要刻薄地用言語諷刺他人，報復別人並不能使他變糟，更不能幫助你變好。懷著一顆平常心與人相交，發自內心地讚揚別人，但是不討好任何人。

最後，掌握對方的心理底線和心理距離，切忌「交淺言深」。想要跟人和平相處，就要明白對方的底線在哪裡；要學會多站在對方的角度考慮問題，用別人能夠接受的方式進行交際；不亂開別人的玩笑，凡事都有個度。要知道耿直並不代表真誠，更多時候傷了別人，自己還不知道。

真正的優雅，不驕傲，不炫耀，懂分寸，知進退。在別人面前，從不多話，永遠知道自己該做什麼、不該做什麼。

# 第四章　傳世經典白娘子

## 突破自我，做獨一無二的自己

世界是多元的，沒有兩片完全相同的樹葉。而人的性格也是多變的，沒有完全相同的兩個人，就算是雙胞胎，也有各自的性格。

我們每個人都是獨立的個體，也就是說，我們原本都可以活出獨一無二的自己。我相信你也聽過這樣的話：「出生時我們都是原創，可是最後卻漸漸地活成盜版。」為什麼我們大多數人很努力，卻只得到一個平庸無奇的人生呢？問題還是出在我們自己身上。

趙雅芝就很幸運地堅持了自己的風格。記得剛進入演藝圈時，她不知道自己適合什麼樣的角色，曾經演過溫柔如水的淑女，也演過敢愛敢恨的烈女，甚至演過一身武藝的打女。靠優雅的形象走紅以後，很多觀眾開始挑剔，說她只能演這一類角色，演不了別的類型。她一開始也為此感到苦惱，「為什麼我的戲路這麼窄呢？我真的不能挑戰別的類型了嗎？」為此，她接了幾部根本不適合自己形象的作品，她的事業也一度受到影響，停滯不前。但是最終，她想通了，既然自己最為觀眾接受的是溫婉的女人形象，那為什麼不能將它發揮到極致呢？後來，塑造了馮程程、白素貞等一系列經典形象。

其實，連一代美人林青霞也有過這樣的苦惱。為此，徐克

說：「為什麼林青霞就一定要演一個不是林青霞的人呢？」

別人沒有，而你有的，正是你的與眾不同之處，你該好好珍惜。做一個與眾不同的人，在人群中散發特別的魅力。首先，要了解自己的優點。要相信你所擁有的，只要堅持下去，就一定能為你帶來光明。其次，要深度挖掘這種優勢，讓它成為你的代表，更明確地展現你自己。趙雅芝在後期塑造了一系列與她本人氣質和形象較為吻合的角色，於是便打造出今天依舊優雅的女神。

被別人說你只會做一件事也好、角色單一沒什麼挑戰性也好，要記住，「泛」並不值得褒獎，值得人尊敬的，是「精」。「術業有專攻」，當你把一件事做到極致，你就是這個行業的發言人，你就是權威，就有了地位。反觀什麼都會一點，卻什麼都不「精」的人，結果一定會是很快被人遺忘。所以，不要介意別人的說法，你要堅持你自己。因為與他們相比，你才是最了解自己的人。

雖然我們每個人都希望要改變自己，但我們知道，突破自我是很困難的，只有少數人可以堅持下去。但正因為如此，與眾不同，才顯得很酷。

記住你的優點，堅定你的信念，努力地去做，然後剩下的就交給時間吧！

第四章　傳世經典白娘子

# 第五章
## 願得一心人,白首不相離

第五章　願得一心人，白首不相離

## ● 綻放優雅：趙雅芝的人生軌跡

### 21歲嫁人，婚姻比事業更重要

　　1975年，趙雅芝21歲，到了談婚論嫁的年紀。經過母親的介紹，她認識了身為醫生的黃漢偉。在當時的香港來說，醫生算是社會地位很高的職業，想必母親也是看重了這樣的條件，覺得女兒嫁給醫生，以後的生活起碼無憂。

　　或許是因為黃漢偉比自己大了十歲，成熟儒雅，趙雅芝考慮一番，最終決定嫁給對方。兩個人很快就在1976年舉行了簡單的婚禮。這對一個剛進入演藝圈的女藝人來說，簡直有些不可思議，換作別人肯定會這樣想：「我才剛剛進入演藝圈，以後學習的東西還很多，以後想要有更大的發展……」而趙雅芝竟這麼早就選擇了婚姻，她難道不知道她的前途可能會受到影響嗎？

　　顯然在她心裡，擁有一個溫暖的家庭，比在演藝圈打拚更讓她舒服。

　　嫁人以後，她將很大一部分心思都放在自己的婚姻上，決定做一個賢妻良母，但與此同時，她也沒有完全放棄自己的事業。1976年，無線計劃開拍一部《乘風破浪》，這是香港電視劇歷史上最早的青春偶像劇。公司考慮到趙雅芝清麗脫俗的美麗形象，邀請她飾演一位活潑可愛的少女施淑楓。在這部劇中，趙

雅芝充滿活力的美，讓人過目不忘，但初戰螢幕，她的演技還沒有成熟，故而被很多媒體形容為「花瓶」。

成名多年以後，趙雅芝曾透露，生在一個傳統家庭，她從小就接受非常嚴格的教育：「很多人說參加選美，一定接受過很多儀態方面的訓練。其實我從小家裡就管得很嚴，比如大姐，年紀比我大好多，從小就跟我說女孩子的儀態應該怎樣、飯碗應該怎麼拿、手應該怎麼放。」除了舉止，媽媽對她在婚姻方面的影響也很大：「我媽媽16歲就結婚了，她認為女人的幸福重點還是在家庭。所以那時候我剛開始做這份工作時才19歲，但是我媽媽覺得我不能再等了，一定要嫁人，結果我21歲就嫁人了。就這樣我媽媽還覺得嫁得晚呢。」

21歲就結婚，無論是誰都會覺得，這對於剛起步、有著良好外形的趙雅芝來說，一定是個不太容易的決定，但是她卻雷厲風行，絲毫沒有猶豫，不但很快結婚，而且很快就懷孕了，生下兩個孩子。

原本以為這樣的婚姻是完美的、這樣的家庭是值得守護的，可是萬萬沒想到這段感情並不幸福。像任何一個肯為家庭付出的女人，趙雅芝貢獻了所有，卻依然改變不了這個家逐漸分崩離析的命運，或許，她像大多數婚姻不幸的人一樣，只是缺少那麼一點幸運。懵懂的年紀，以為只要自己心甘情願地付出，就一定能夠換來一個團圓的結局。年僅22歲的她獨自承擔了婚

### 第五章　願得一心人，白首不相離

姻的不幸。直至多年以後，回憶往事時，才對媒體講述離婚的緣由：「兩個人的性格相差很大。我那時就發現，事業再怎麼樣也沒有用，生活要是不幸福，什麼都沒有心思做。整個人很辛苦，心也苦。」

可見，在她的心裡，始終是家庭的重要性更大一些。她是一個更重視家庭的人。

## 當愛已成往事，瀟灑地和過去說再見

1976 年，趙雅芝參演許冠文的喜劇電影《半斤八兩》，這部電影成為香港年度票房冠軍，又在日本等海外市場公開上映。自此以後，趙雅芝每年都接到片約，人氣也漸漸上漲。1977 年，趙雅芝簽約成為吳宇森電影《發錢寒》的女主角，一舉成為年度票房兩連冠女影星。1978 年，趙雅芝主演電影《剝錯大牙拆錯骨》，大獲成功，票房大賣，這也是她首次嘗試做「打女」，並於此後十年間，連續多次被評為香港男性「最佳夢中情人」。

然而，名聲越來越響亮，片約越來越多的背後，她仍然心靜如水，沒有趁熱打鐵、瘋狂賺錢。相反地，為了家庭和孩子，為了盡到自己身為妻子和母親的職責，她多次婉拒了很好的出名機會。比如，1978 年，楚原導演的武俠電影《絕代雙驕》邀請趙雅芝演出女主角，她因要照顧孩子婉拒了；1980 年，譚家明

導演的《名劍恨》邀請趙雅芝演出女主角,同樣被她婉言謝絕;1981年,泰國片商邀請趙雅芝主演泰國電影,趙雅芝因照顧家庭沒有同意……

為了家庭,趙雅芝放棄了很多事業發展的機會,也放棄了很多賺錢的機會。她的內心是保守而傳統的,凡事以家庭為重、以孩子和丈夫為重。但是這樣的用心,卻未能得到丈夫黃漢偉的理解與支持。

1978年,愛情劇《漩渦》導演因看重趙雅芝的名氣和不俗的外形,特別邀請她擔任本劇女主角,與她配戲的男主角是後來紅遍大江南北的電視劇《霍元甲》男主角黃元申。當時黃元申是無線的當紅小生,能夠跟他搭檔,對事業正處在上升期的趙雅芝,無疑是一次非常好的機會。這部電視劇播出後,市場的迴響很不錯。尤其是兩人在劇中的默契合作,使很多觀眾將他們看成一對完美的螢幕情侶。這部電視劇之後,兩人又合作了《剝錯大牙拆錯骨》,趙雅芝與黃元申從此聲名大噪,她更成為演藝圈炙手可熱的女藝人。但是就在此刻,趙雅芝的婚姻卻出現了危機。

演藝圈一向魚龍混雜,原本她與黃元申只是螢幕搭檔,卻被沒分寸的媒體炒作成「移情別戀」的狗血橋段,而丈夫黃漢偉又是圈外人,根本不了解這個圈子的複雜。雖然現在沒有具體的資料證明當時兩人關於此事的爭執,但是可以想像得出,為事

## 第五章　願得一心人，白首不相離

業付出的趙雅芝希望能夠得到丈夫的信任與關心，卻最終事與願違，導致他們的婚姻出現危機。

1982 年，這段讓趙雅芝感到心累的婚姻還是走到了終點。或許是感覺到妻子的決絕，黃漢偉沒有反對，很快就與趙雅芝辦理了離婚手續。婚姻不復存在，但是趙雅芝不想放棄自己作為母親的權利和責任。次年，為了爭奪兩個兒子的撫養權，趙雅芝無奈與前夫對簿公堂。最終，法院將孩子判給了她。至此，她的第一段婚姻保衛戰就此落幕，雖然未能保全婚姻，但是從此有孩子們的陪伴，她已經非常感恩上蒼的眷顧。

這一次婚姻的重創，也連累到她的事業。1983 年《神鵰俠侶》中的小龍女，原本是邀請趙雅芝來擔綱，但是因為離婚官司的風波，趙雅芝的賢妻形象盡毀，為了不影響票房，製片單位臨時將主角換成陳玉蓮，趙雅芝也因此失去了這個經典的角色。

她身心疲憊。她第一次懂得：人生是不能夠心存僥倖的，每一步都要穩紮穩打。因為年輕、不成熟，她在母親的安排下早早走進一樁互不體諒的婚姻，但是她並不後悔當初的選擇。因為在她心裡，家庭始終排在第一位。她不會被離婚的事情打倒，因為她骨子裡是堅強的。況且當愛已成往事，除了瀟灑地告別，沒有別的辦法。不是有一首歌這樣唱的嗎？「揮別錯的，才能遇到對的。」

離婚後的趙雅芝，對未來，依然充滿信心。

## 優雅地去愛，優雅地被愛

1981 年，趙雅芝應邀演出電視劇《女黑俠木蘭花》，飾演一名無所不能的女俠。這部劇在她的優秀作品當中算不上有分量，但正是在此期間，她認識了現在的丈夫黃錦燊。兩人在劇中飾演情侶，黃錦燊對趙雅芝無微不至的關懷，感動了多少觀眾。令人意想不到的是，戲外，他也對趙雅芝展開了熱烈的追求。只可惜，當時的趙雅芝已為人婦，並且育有兩個兒子，迫於壓力，她多次拒絕黃的示好，並且多次公開表態：「我從沒愛過黃錦燊，我愛我的兩個兒子。」為什麼她不說愛自己的丈夫黃漢偉，卻只說愛兩個兒子呢？因為這段時間，由於感情不和，她與先生正處於分居狀態。

雖然黃錦燊追求趙雅芝時，她還沒有離婚，但是他的追求並不是盲目的。電影開拍期間，細心的他就發現一向開朗、喜歡微笑的趙雅芝，在片場有時候會出現發呆甚至忘詞的現象，笑容也很少，於是他便在休息之餘，主動跑到她身邊與她聊天、開導她，改善她的表演狀態。時間久了，兩個人私下也很有默契，成了一對無話不談的好友。

在工作上，黃錦燊與趙雅芝很合拍；在生活上，他也同樣無微不至地照顧著她。一種異樣的感情開始在他的心裡翻滾。他知道，自己愛上了這個女孩。

## 第五章　願得一心人，白首不相離

　　1982 年，就在趙雅芝與丈夫的離婚官司在香港鬧得滿城風雨時，黃錦燊寸步不離地守護在她身邊，給予她精神上的鼓勵與陪伴。原本是一段純潔的感情，卻被香港媒體連篇累牘地報導，說黃錦燊才是導致趙雅芝離婚的元凶。

　　離婚官司加上緋聞纏身，令趙雅芝身心俱疲、不堪重負。最終塵埃落定，透過艱苦的爭取，她終於與黃漢偉離了婚，並且爭取到兩個兒子的撫養權。

　　見到心愛的女孩重獲自由之身，黃錦燊的心裡當然十分開心。從此之後，他更加努力地對她示好，他知道受過一次婚姻傷害的女孩很難再接受愛情，於是，他挽著她的手，輕輕地在她耳旁私語：「時間可以證明一切。」

　　沒有豪言壯語，沒有海誓山盟，只是輕輕的一句：「時間可以證明一切。」這足以代表要對她好一輩子的決心。

　　1985 年，趙雅芝終於被黃錦燊的溫柔和執著所打動，兩個人在美國登記結婚。或許是因為對香港媒體的畏懼，趙雅芝將辦理結婚手續的地點選在美國。她或許想要在那裡開始一場全新的婚姻。

　　然而這則婚訊還是很快就傳到了香港，媒體又開始大做文章，就連公眾也不看好這段感情，理由是 —— 這兩個人太不登對。一個是當時香港正當紅的女明星，一個是美國歸來剛進演藝圈的無名新人，無論是從身分地位還是相貌上來說，這兩個

人似乎都太不相配。然而聰慧的趙雅芝懂得，這個男人將是自己最不後悔的選擇。

1987年，趙雅芝生下他們的孩子，也就是她的第三個兒子。對於這段婚姻，趙雅芝有著比以往更多的珍惜和感恩。或許時光才是最彌足珍貴的老師，它教會人們去愛，更教會人們要放下，只有放下，才能優雅地重新去愛和被愛。

如今，兩個人已經相伴走過30年的時光。我們依然能夠在一些公開場合上，看到這對璧人夫唱婦隨的恩愛模樣。她的樣子一點也沒有改變，依舊那麼優雅，而他，永遠都是她身旁唯一的護花使者。「執『芝』之手，與『芝』偕老。」黃錦燊用他的行動向全世界證明，他真的做到了。

這樣的相守和幸福得來不易。或許是因為第一段婚姻的失敗，使她更明白：要嫁，就嫁給懂得。同時，這麼多年風風雨雨地走過來，她非常感謝丈夫對自己的關心和體諒。多年以後，在接受採訪時，她對家庭有這樣的領悟：「我們很早就達成這樣的共識：夫妻就是相互扶持。也許沒有大家想像的那樣轟轟烈烈，但是彼此之間的關懷卻是從很多小事情體現的，哪怕只是對方偶爾遞過來的一杯茶，也會覺得很溫暖。」

優雅地愛，優雅地被愛，時間終會證明一切。

## 第五章　願得一心人，白首不相離

## 選男人要選「溫馨日常款」

　　如趙雅芝那般明豔動人的美人，又曾與那麼多當紅小生合作，當然少不了令人遐想萬千的感情故事。

　　比如無線電視臺當年風頭正勁的小生鄭少秋，和趙雅芝合作多次，可是如果你問趙雅芝對他的感覺，她只是微微一笑：「戲裡面那一剎那，一定會有的，因為你必須要真的有點感覺，真的要當成他是那個人物。」但是，她又強調：「下戲了以後就不會再有來電的感覺，因為我心目中理想的對象不是那種。」

　　後來，看她的選擇，當然知道她理想的對象就是黃錦燊，然而這是為什麼呢？他既不帥，而且當時的知名度也不高。

　　兩個人結婚以後，香港媒體緊抓「身分地位懸殊」這一點，對他們的結合大做文章，很多標題都寫「香港一線女星趙雅芝『下嫁』黃錦燊」，八卦小報也圍繞著「女強男弱」來報導。這一直是香港媒體的拿手好戲，細數演藝圈風雲二十年，有多少相愛的璧人因此勞燕分飛。還記得梅豔芳和趙文卓，就是不堪如此壓力，被迫分手。

　　為了照顧家庭，為了維持一個家庭的穩定，趙雅芝不得已推掉很多片約，據粗略統計，那些年她推掉的片約多達二十部。演藝圈翻雲覆雨，一部電影就可改變一個演員的命運，更何況是二十部。但後來每每提起，趙雅芝總是淡然一笑，說她無怨

無悔。

　　這個世界有太多誘惑，普通人想要忠於自己的愛情和婚姻都非易事，更何況是她這樣的大明星。但她有自己的一套處理方式。

　　她很厭惡八卦，她曾說：「我不喜歡緋聞，當然我也不會懼怕緋聞，因為做演員也沒辦法控制。只要我知道事實並不是報導的那樣，我就不會懼怕。」

　　可能因為黃錦燊本身也在演藝圈，非常懂得身為演員的艱辛，因此跟趙雅芝有許多共同的話題。為了妻子，他很快轉行做了律師，並且全力以赴支持妻子的事業——這就是夫妻之間的相處之道。她是一個很有智慧的女人，而他何嘗不是一個有遠見的男人？他知道趙雅芝已經為家庭付出了很多，而身為男人，他應該站出來，更努力地守護她。「將心比心」，事情總是說起來容易、做起來難，愛情是一種感覺，但婚姻更多了一層隱形的相互守約。因為我看到了你的忠誠，所以我願無條件為你付出，這是他們兩個人之間的默契和溫馨。

　　在這 30 年間，看重家庭生活的趙雅芝選對了人，老公始終給自己很大的支持，讓她能夠將三個孩子順利撫養成人、培養得健康又有出息，而她自己也可以在 60 歲的年紀依舊保持女神一般的優雅，成為眾多女性羨慕的對象，另一半無非有很大的功勞。

## 第五章　願得一心人，白首不相離

談到婚姻、談到老公，在接受記者採訪時，她的喜悅之情溢於言表：「我有工作出來的時候，兩三天這樣子，他也儘量抽時間陪我，挺辛苦的。他的付出可以說是為了家庭，也為了愛。」

但即使這樣天作之合的一對，也需要在漫長的生活中不斷磨合。趙雅芝坦言在生活中和丈夫也會有爭執，這時候，她總會以柔克剛，不忘提醒丈夫要控制情緒，因為發脾氣不能解決任何問題，還損害身體健康。漸漸地，他們夫妻之間有了自己的一套相處模式。

自從演出電視劇《廉政公署》系列後，黃錦燊很少接片，隨後幾年，逐步淡出影壇，退居二線，在妻子的支持下，轉行擔任律師。為保持良好的形象，他曾跟影視業界朋友們表示，即使友情客串，也絕不會再飾演反派角色。

可能趙雅芝骨子裡還是一個小女人，她很依賴家庭和老公，每逢大大小小的發表會活動，都有她和先生攜手的場景。這不是所謂的「秀恩愛」，這是真的恩愛。

趙雅芝對愛情的態度始終很坦然。接受採訪時，記者問她怎麼看待兒子交女朋友的事，她微笑著回答：「只要那個女孩子是他喜歡的就好。我對他只有一個要求，就是一定要是好女孩。」在最小的兒子黃愷傑公開女友後，她就表示支持：「我覺得沒有什麼需要隱瞞的，藝人應該坦誠地去做人，他也像我，

很忠於愛情。」

她最聰明之處,或許就是知道不管自己是何身分,走到哪裡,永遠清楚自己想要的是哪一類的男人。如黃錦燊,也許不夠帥氣、不夠有名氣,但是他卻能在最平凡的生活裡陪伴自己,這正是她所渴望的「溫馨日常款」。

是啊,婚姻就像選鞋子,一定要找一雙合腳的、讓人溫馨的。

## ● 練習優雅:跟趙雅芝學做優雅女人

### 對於愛情,愛就珍惜,不愛就放下

有人說,愛情是一件卑微的事,尤其是初戀。就像當年的張愛玲遇上才子胡蘭成,「見了他,她變得很低很低,低到塵埃裡。但她心裡是歡喜的,從塵埃裡開出花來。」

當我們第一次愛上一個人時,天真地以為那便是一生一世,而那個人,值得我們賭上所有的幸運。然而,當你為一個人魂不守舍的時候,也是你徹底忘掉自己的時候,像陷入一個迷魂陣,全身心投入到別人的生活。這樣的生活,若不夠幸運,會令你萬劫不復。

21 歲的趙雅芝,懷抱著對婚姻生活的美好幻想,在媽媽的

## 第五章　願得一心人，白首不相離

安排下，很快就嫁了人，又很快地為丈夫生下兩個兒子。婚後的生活，原本該充滿溫情和甜蜜，然而漸漸成熟的她發現，丈夫一點都不體貼和關心自己，甚至越來越覺得，他不是自己可以依靠一生的人。

本身在演藝圈工作，身為一名演員，她的工作壓力很大，拍戲回到家，她非但沒有等來丈夫的寬慰，反而都是一些莫名其妙、傷人的猜忌。他一直在懷疑她跟自己的螢幕搭檔有不正當的關係，這種猜忌讓她難過。

這樣的生活，不但令她無心工作，甚至連她最渴望的家庭，也都維持不下去。

終於，她的心碎了。既然對方不肯珍惜，那就離開。哪怕她是一位公眾人物，離婚官司必定要鬧得滿城風雨。她原本顧念著舊情，不願與丈夫對簿公堂，可是為了得到兩個孩子的撫養權，不得已還是走了這一步。

對她來說，不管是愛情還是婚姻，她始終在盡一個妻子的本分，拿出全部的心思呵護與珍惜，如今被迫離開，她也唯有放下。

皇天不負有心人，在她31歲這一年，遇到可以相伴一生的人。原本破碎的、不願相信愛情的心，因為他一句「時間可以證明一切」，又重新燃起愛的希望。

如今，他們已經風雨同舟、共同度過了三十多個春秋。未來的人生，還將繼續甜蜜幸福地攜手。

所以，身為一個女性，不管年紀多大、不管多看重感情，只要對方不值得付出，就沒必要義無反顧。因為在交出自己手中所有砝碼的那一刻，就注定成為失敗者。

與其在一段錯誤的感情裡浪費時間、損耗精力，不如清醒地離開，這樣也許能早點遇到一份真正屬於你的感情。

而一旦離開，就重新開始自己的生活吧，不要總是回憶過往。回憶只不過是海市蜃樓。

我們要好好對待每一份愛情，但千萬不要因為愛情而忘記生活本來的面目。因為，愛情不是生活的全部。

年輕人的愛情，總是輕易就許諾一生一世，然而真正成熟的愛情，從來都不驚天動地，而是細水長流，暖暖地流淌在生命裡。像女神一樣，愛就珍惜，不愛就放手，離開一個不屬於自己的男人，找到屬於自己的愛情。

## 不拘塵世，優雅也可以真性情

趙雅芝說，人要活得舒服滿足，珍惜自己、珍惜一切就好。她這樣說，也這樣做。趙雅芝和第二任丈夫黃錦燊的婚姻已經走過 30 年。

## 第五章　願得一心人，白首不相離

如今的趙雅芝依舊優雅大方，在歲月的洗禮下更加從容淡定。有老公和三個兒子的陪伴，趙雅芝會將這段「不老傳說」演繹到最後。

她也說過，她的優雅，是一種習慣。

她的優雅，飽含著女性的真性情，也就是人們常說的感性。感性是一種直覺，一種率真，是女性天生就被賦予的禮物，它也包括善良、溫暖、知足……這些美好的特質能讓我們懷著一顆慈悲的心去看待世間萬物。面對工作，認真踏實，從不抱怨；面對生活，積極樂觀，充滿陽光；面對朋友，講求義氣，不拘小節。不畏懼、不逃避、不將就，勇於活出真實的自我，將生活過成想要的樣子。

作家王躍文在《我不懂味》裡有這樣一段話：「世上如果還有真要活下去的人們，就先敢說、敢笑、敢哭、敢怒、敢打。我真情願婦女們首先做到如魯迅所說的敢說、敢笑、敢哭、敢怒、敢打，哪怕她們因此變得不那麼可愛，她們至少能以自己的頭腦去思考，以自己的心靈去感受，是一個有真生命、真感情的獨立的人，能自己把自己當人看。」

由此可見，優雅的女性也可以真性情，那麼，如何才能做到呢？

首先，不管遇到任何事，要保持一顆淡定從容的心。優雅就是不慌不忙、不緊不慢，維持一個自己和別人都感到舒適的節

奏。如今的社會壓力越來越大,但越是這樣,越要擁有一份從容,過好今天,簡簡單單。

其次,要對一切充滿感恩,保持積極樂觀的心態。優雅是一種自信的展示,不自信的人很難優雅。在這個瞬息萬變的社會,女性應堅定自己的立場和原則,有自己的想法,不隨波逐流。

再者,要懷抱一顆善心,擁有一雙充滿愛的眼睛。趙雅芝就是一個心懷慈悲的人,她成功地扮演了上天所賦予的每個角色。她是溫柔的妻子、開明的母親、敬業的演員、善良的公益大使。有她在的地方,總能看到陽光,她將自己心中的愛,無私地奉獻給這個社會。這樣的人,誰敢說她是不優雅的呢?

最後,真性情的女性懂得寬容、心胸豁達。不管她遇到怎樣不公平的事,總能心平氣和地去面對、處理,即便自身的利益有所損失,也仍然能夠做到寬容,自帶優雅光環。

真性情的女性,正如一陣清風,可以吹散人心頭的烏雲。不管境遇如何,永遠保留一份天真。

## 對生活,別總是太過用力

如果你問一個人,她對趙雅芝有何印象,相信她一定會說,淡淡的,輕輕的,淺淺的。她的一舉一動,她的一顰一笑,都是這樣緩緩地深入人心,沒有急躁,沒有功利。

## 第五章　願得一心人，白首不相離

俗話說：「欲速則不達。」太過用力的感情，似乎總是得不到好結局。其實，享受生活真的很簡單，只要做到有計畫地去過每一天，人生自然就變得從容許多。

或許是現代社會的生活壓力過大，人們追求物欲的心情越來越強烈，越來越多的人開始迷戀黑夜，開始失眠。而白天又在焦慮中拉開序幕，忙著上班，忙著賺錢，似乎連空氣中都飄滿錢的味道……資訊時代將人們的時間割裂成碎片，每個人都變成手機族、低頭族，擔心一不小心就遺漏了什麼重要消息。

記得去年過年回家，老人們談起年輕一代，總是說：「孩子們現在看手機都看傻了，連吃飯也拿著玩，一分鐘都離不開。」是啊，回想一下，我們好不容易和朋友見了面，卻不交流說話，面對面地各自滑手機。這樣的生活，未免過於用力。

或許是我們對社會的錯誤理解，以為擁有足夠多的金錢就能擁有幸福，這種貪婪的物欲令我們對金錢充滿渴望，使我們內心慌張，以為抓緊時間、分秒必爭去奮鬥，就一定能夠獲得自己想要的一切。貪婪像一個黑色的惡魔，不斷吞噬著我們，直到最後一口氣。在這一場追逐中，人們用力地生活，逐漸丟失了本心，徹底淪為生活的奴隸。

在都市生活的我們，上班的路上怕塞車、工作的競爭怕落後、怕生活品質不如別人、怕自己賺得少、怕一年到頭什麼都沒賺到，回家沒面子。

人凡是使力，總會引發事物的變化，與其提心吊膽地努力，不如適時放鬆身心，從容淡定地面對。遇到困難時，給自己一個微笑；下班後，聽聽音樂，練練瑜伽，讓身體與精神徹底地放鬆。

　　不管發生什麼，記住凡事別跟自己過不去，生活雖然是殘酷的，但生活永遠都值得用心對待。但是用心不是用力，保持輕鬆的節奏，讓自己處於一種舒適的環境，更有利於事物朝著正面去發展。

　　我很喜歡一種人的心境，「因上努力，果上隨緣」，這一類人，不會把結果看得那麼重要，即便是失敗，也能從容接受。這種人，生活隨心，永遠知道天意難改，雖然人力可為，凡事但求無愧於心就好。最重要的是，對生活太用力，人很容易陷入疲累中，很容易為了達到一定的目的去為難自己。到最後，甚至會喪失對生活的熱情。

　　最喜歡的生活無非是：「看天上雲卷雲舒，觀庭前花開花落。」學會適時享受當下，保持一份淡然的心境，人自然會變得清爽。

　　靜下心來，完成一件很小的事情，有助於暫時遠離焦慮，從而獲得一份平靜。這世上原本就沒有那麼多需要一天就解決的事情，是你自己在逼迫而已，輕輕愛，慢慢走，「從前的日色變得慢，車，馬，郵件都慢，一生只夠愛一個人。」在這個快速發展的時代，讓你的心靜下來，慢慢地享受人生吧。

# 第五章　願得一心人，白首不相離

# 第六章
重返螢幕，英姿猶存

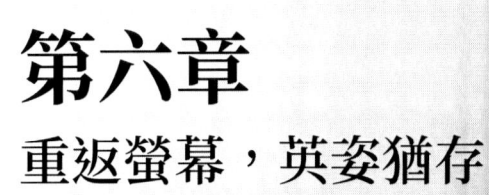

第六章　重返螢幕，英姿猶存

# ● 綻放優雅：趙雅芝的人生軌跡

## 《西關大少》盡顯女子柔情

2003年，停工許久的趙雅芝宣布復出，復出後接拍了電視劇《西關大少》，該劇講述1920年代廣州一家「廣運船行」的故事。趙雅芝在其中飾演女主角伍玉卿。

民國大家族的政治婚姻，兩位主角出身的雲泥之別，再加上周家各方人的明爭暗鬥，所有恩怨情仇由此而生。

玉卿小時候被賣到周家為僕，由此認識了當時是小少爺的明軒。兩個孩子，日日相見，有著青梅竹馬一般的感情。

明軒是一個性情嚴肅的人，鏡頭切到他臉上時，他總是板著一副面孔，不苟言笑。作為船行的老闆，他做事一向嚴謹，令下屬非常畏懼。若不是因為家族需要他娶一位有家世的大小姐，恐怕他的妻子將是伍玉卿。

然而他還是對所有人說出了他的想法，宣布要娶玉卿為妻，給她一個名分，讓她和自己的原配平起平坐，並且要大辦婚禮。

那天之後，一切開始變得不同，她可以開心地挽著明軒的手說悄悄話。明軒也能抽出假期的時間，和玉卿一起去鄉下看

望她的曾祖母，並且當著老人家的面發願：「以後她一定會有好日子過，因為她可以和自己心愛的人在一起，她可以名正言順地做我周明軒的太太，做周家的媳婦。」

然而愛情終究不能圓滿，明軒隨後病倒，竟在醫院查出是肝癌。得知消息的那一刻，明軒如五雷轟頂，天塌地陷。想到自己無法兌現給她的諾言，他拖著病重的身體在醫院打電話回家，要玉卿立即停止辦理婚禮，並且再也別來煩他。

不得不說劉松仁的演技很好，把一個重病頹廢的中年人演出了心痛的感覺，令觀眾涕淚俱下，久久不能釋懷。而趙雅芝所飾演的伍玉卿外柔內剛，內心有一股堅持。或許是因為能走到今天實屬不易，她堅持舉辦婚禮。甚至當德容撕毀她準備好的請柬、周家老爺氣她不知體貼明軒、所有人都在埋怨她頑固時，她仍然沒有想過放棄，除非明軒自己親口跟她說。

她以為她不會等到的。然而此時回到家中的明軒，已是一個無比憔悴、拄著枴杖的中年男子。他看著對他充滿期待的玉卿，冷冷地命令她：「妳不要固執！一切都完了！完了！婚禮停止籌辦！」

堅強了許久的玉卿終於淚如雨下。觀眾永遠都會記得趙雅芝那一刻因痛苦而略顯渙散的眼神。

然而皇天不負有心人，她最後還是決定陪他一起度過難關。他的病情越來越嚴重，幾乎每天都會暈倒，他醒來時，她

## 第六章　重返螢幕，英姿猶存

永遠都在他的身邊。到最後明軒還是離去了，只留下懷著他們孩子的玉卿。

四個月之後，玉卿翻看著他們的新婚照片，淡淡訴說著她的現在，眼神裡既有對過去的緬懷，也有對未來的希冀。怎能不叫人垂憐？她失去了這輩子唯一的庇護，今後在這偌大的周家，只能獨自承受一切。以後的漫漫長夜，也只有她一個人默默飲泣了。

《西關大少》前半部，每一個人物的命運都跌宕起伏、充滿險阻。廣運船行瀕臨崩潰之際，周明軒始終端著不服輸的姿態。而另一條則是他的感情線，與伍玉卿長達 20 年的情愛糾葛。劉松仁所飾演的周明軒既是家族可依靠的老爺，又是玉卿深愛的男人。功力深厚的他，將明軒每一次的心理變化都表達得淋漓盡致。

而這部劇的女主角趙雅芝則發揮出她一貫的演技，演活了一名悲情女子。她對明軒的感情，一個眼神就足以表露。這當然需要很深的功力。

在如今電視劇大多粗製濫造的時代，回頭看那年的《西關大少》，看看重情重義的周明軒和悲情優雅的伍玉卿，重溫兩個人誠摯的感情，你或許會再一次回到那個動人的年代。

## 《楊門虎將》最具風範佘太君

時間過去這麼久，仍可以記起當初第一眼看到趙雅芝飾演佘太君時的驚豔。在民間，楊家將的故事幾乎家喻戶曉。

以前看過的佘太君正義凜然，然而缺乏母性光輝。但是趙雅芝飾演的版本，正好彌補了這一方面的不足。

提起佘賽花，相信沒有人不豎起大拇指的。她將七個兒子培養成人，又親自把他們一一送上戰場。她對兒子們的愛不是溺愛，而是一種近乎朋友式的關懷。不管是在何種艱險境地，她始終以國家安危為己任。楊家一門忠烈，哪怕自己深愛的孩子戰死沙場也在所不惜，只為報答朝廷的賞識之恩。

這是一位非常不容易的偉大母親。

或許是因為當時早已為人母的趙雅芝從未溺愛過自己的三個兒子。她將佘賽花那種與眾不同的母愛表達得很精準。印象最深刻的是「四郎探母」的一場戲。

楊四郎為了活命，將計就計投靠外敵。因不放心家中老母，他三更半夜騎了快馬前來營房探望她。而佘賽花對即將見面的兒子既愛又恨，恨是因為她不知道四郎是佯裝投降，以為兒子不堪受辱，已將楊家的忠烈置之腦後；愛是因為他畢竟是自己生養二十餘載的孩子，天底下哪有母親不愛自己的孩子……

趙雅芝將這種誤解之下的愛恨，拿捏得恰到好處，非常自

## 第六章　重返螢幕，英姿猶存

然，演活了愛恨糾結中的佘太君。當她得知真相後，眼淚從兩頰滑落，觀眾可以透過芝姐的表演感受到佘太君內心深處的愧疚和感動。

另外，劇中楊、佘二人的愛情也頗有看點。趙雅芝所飾演的佘太君與楊業的正氣凜然、外剛內柔，形成鮮明的對比。她溫柔賢淑、外柔內剛，甚至總能在楊業不知該如何處理突發大事時挺身而出，一顯巾幗不讓鬚眉之風采。

楊業遇害後，佘太君的眼神中既有悲愴又有頑強。她接過主帥的旗幟，號令楊家將重整旗鼓，誓要為保衛江山社稷流乾最後一滴血。這樣堅忍的女性形象，被外表柔弱的趙雅芝拿捏得相當精準。

劇中有一個場景最令人動容。當六郎一身縞素地出現在她面前，痛苦嘶聲地說「能回來的都回來了」的時候，她終於不堪打擊，重重地暈厥過去。在成為女強人之前，她只是一個平凡的母親，一想到她的孩子們一個個戰死在沙場，她怎能不悲痛欲絕？但想到楊家還需要靠她支撐，所以在短暫的休憩後，她又頑強地站了起來，繼續支撐起這個支離破碎的家。這些細節趙雅芝都表現得很完美，憑精湛的演技緊抓人心。

一名成功的演員能夠將一個傳說中的人物演得活靈活現，使觀眾們相信那個人物本就該是如此。趙雅芝以其精湛的演技，演活了頑強不屈的佘賽花。

## 《青花》呈現 50 歲的優雅

2004 年趙雅芝接拍了電視劇《青花》，這一年她 50 歲。此時的她已經營過了愛情的滋味、體會到家庭的溫暖，整個人由內而外地表現出一種迷人的優雅。歲月為她的生命注入了更多精采，卻將她的容顏與身材永遠地留在某個春天。看著這樣的她，一點都不會覺得「時間是女人的天敵」。

《青花》以的製瓷業為背景，以傳世國寶「青花日月樽」為線索，講述了民國時期薄家、司馬家兩個製瓷家族和中、日兩個民族之間的愛恨情仇。趙雅芝在裡面飾演的角色名叫夏魚兒。

這個角色與她以往的角色有些不同。劇中，夏魚兒與自己的女兒小文愛上了同一個男人——任憑風。小文的愛熾烈，夏魚兒的愛深刻。趙雅芝的生命裡從未有過夏魚兒的愛情體驗，但是歲月卻讓她懂得如何將人物演得更為逼真。

復出後的趙雅芝對演戲有了更深層次的領悟。她在接受採訪時曾說：「我演戲很挑剔，先看劇本和角色，再去了解製作班底，合適的我才接拍。所以我拍戲的產量一直不是很高，差不多三年拍兩部。真的沒有合適劇本的話，我寧願休息一陣子。」而之所以會選擇接演《青花》，她是這樣說的：「最初是因為劇本，然後是角色，另外就是聽別人和我說這個導演挺不一般的，他本身是一個書法家，但是他對拍電影和電視方面感興趣，於是去上了一

## 第六章　重返螢幕，英姿猶存

個如何導演的課程。我覺得這種情況挺少見的，所以我就要求看看他的作品。他拍的第一部作品非常出色，就是《走出藍水河》，我看了之後非常欣賞。很多導演拍了一輩子戲，也拍不出自己的風格。但是平江鎖金的第一部戲就已經拍出了自己的風格，也展現了他在書法和導演方面的才華，在劇裡很多書畫是他自己親筆畫的。這個不一般的導演吸引了我，我就接拍了。」

當記者問到趙雅芝如何看待自己飾演的角色時，她依然很有見解：「夏魚兒不僅在事業方面扮演著重要角色，在家中也扮演了非常重要的角色。她是一個寡婦，除了獨立支撐家族事業以外，她也需要獨立解決家中瑣事。尤其是兩個女兒的教育問題，一個女兒很叛逆，另一個女兒又天生殘疾。夏魚兒本身是背負很多包袱的女性，所以可以說這是比較難演的角色。」

當談到這個角色所面臨的情感感受時，趙雅芝也相當坦誠：「這部分是最難掌握的，因為我們倆同時愛上了戲中的任憑風。他是一個出現在這個鄉鎮裡面的英雄人物，所以夏魚兒愛上了他。但是她的大女兒也愛上了他，所以對夏魚兒來說處理這段感情非常困難。一方面她不願意傷了女兒的心，另一方面又不得不去教育她。作為一個母親來說，我可以體會夏魚兒的感受。但是因為我在生活中沒有遇到這樣的事，所以我只能靠憑空的想像和劇本上的內容去演。」

趙雅芝的回答就像她溫柔如水的性格一樣，總是那麼低調

優雅。事實證明,她以 50 歲的年紀在《青花》中成功塑造了一個外表柔弱但內心剛強的夏魚兒。

在這部戲中,趙雅芝與斯琴高娃老師有合作機會。她非常開心能與這樣一位優秀的演員合作:「在我心中高娃老師屬於演技派,她非常有經驗,她的演技也非常高超,跟她合作當然很愉快。」

《青花》拍攝完畢之後,有消息透露,趙雅芝會拍《上海灘》續集。但是因為遲遲沒有滿意的劇本,所以只能擱淺。

值得肯定的是,芝姐是一個熱愛學習的人。因為崇拜導演寫得一手好的毛筆字,她在拍戲期間,還希望能夠拜他為師,認真研習書法。除此以外,因為拍了《青花》,她對瓷器也有了更多的了解,並表示:「我會更加珍惜和欣賞瓷器,我們的國粹能夠流傳到現在,我為此感到驕傲。」

## ● 練習優雅:跟趙雅芝學做優雅女人

### 保持心態,隨時可以重新出發

2003 年,息影許久的趙雅芝重新回到觀眾的視野。她的回歸不帶任何的目的性,因為她始終按照自己的節奏,協調家庭

## 第六章　重返螢幕，英姿猶存

和工作的衝突。如今重新回歸，是因為她的三個孩子都已長大成人，她可以自由地將更多的精力奉獻給自己的事業。

50歲的趙雅芝成了歲月的美人。她的笑容依舊明媚，不懼重新出發。歲月賦予了她更多的優雅，也使她的心境變得更加豁達從容。回首過往，她感恩粉絲的一路同行，並且也以一顆真心回饋大家對她的喜愛。

為什麼她一路走來總是這樣不慌不忙？趙雅芝自己的理解是：「很多媒體跟我講，我外表看起來很文弱，問我是不是外柔內剛？我說其實我也算是外剛。比如說家裡換一個電燈泡，一般弱不禁風的女孩子不會去做，但我都會去做。」除此以外，她相當懂得控制自己的情緒和脾氣：「我發脾氣不多，因為我覺得發脾氣沒用，得不到效果，傷了自己，也傷了別人的感情。我覺得那樣不划算，我比較會控制自己的情緒。」

她當然有重新出發的自信，這種自信來自她精心呵護的家庭。「我們結婚很多年，彼此都沒有厭倦對方。如何能做到這點，有一個很簡單的方法，不要把對方看成是你結了婚的老公或老婆，而是看成戀愛時的男朋友或女朋友，珍惜他（她），感激他（她）。……其實我覺得每個人都會有壓力，關鍵看你自己怎麼去化解。有時候要把壓力當成是一個鞭策，有壓力才會讓自己進步。尤其是當你遇到困難時，你有能力去克服這個困難，這時候你就會有成就感。所以我覺得應該用一種積極的態

度去面對壓力。」

當然,她的心態一直都是非常棒的:「我最主要是活得開心。開心有很多種,平淡也是開心,開心在於你怎麼享受自己的生活,去珍惜、享受目前所擁有的一切。不一定非要達到某個人的要求,每個人有每個人的想法,不要和別人比。在目前階段,這些我做得很好,我想這一點是最重要的。同時還可以增加自信。」

而回首自己還是新人時,趙雅芝又這樣說道:「當你不能把握什麼是正確的時候,從工作中一點一滴累積是最困難的。但是我覺得做事情不要怕困難,我原來沒有讀過演藝,現在都有一些專門教演藝的學校。我那時候沒有經過這麼專業的訓練,不知道怎麼拍戲,只能慢慢學習。可以說幸運,也可以說不幸運,因為一開始我就演出了一個很重要的角色,而觀眾不會因為你是新人,就原諒你演得不好。所以對我來說,當時是非常困難的。」

從芝姐的身上,我們可以感受到四個字:「不忘初心。」

## 幸福是一種樂觀的心態

50歲重返螢幕的芝姐雖然不再有令她紅透全國的「白娘子」、「馮程程」角色,但她卻以一身優雅打敗了時光,將自己活

## 第六章　重返螢幕，英姿猶存

成了幸福的模樣。她讓人們懂得幸福是可以靠自己的雙手打拚出來的。

她心目中的理想男士是這樣的：「負責、顧家、努力，可以有一點幽默感，我想這樣的男性才是女性心目中最理想的。」

令她感到最快樂的事情則來自於生活和家人：「我想最快樂的事情就是分享家人的快樂，或者說分享孩子的快樂，能夠互相分享是最重要的。最痛苦的事情就是做完一件事，覺得沒有盡心盡力。除了後悔和遺憾以外，最痛苦的是不能原諒自己。」

因此她可以在自己最紅的時候選擇隱退，回歸家庭，全心全意照顧三個孩子。她認為：「這是作為母親的最基本的責任。孩子們除了在學校學習，有自己的個性之外，我希望他們最基本的是學會分辨是非。很多時候我們會儘量多交流，多花時間跟他們聊天，增進彼此了解。」

她對自己的角色亦有非常清晰的認知：「我既是一個演藝工作者，也是一個普通人，我沒有把自己當成明星。這只是我的一個工作、一份職業。需要宣傳的時候，我自己根據場合選擇衣服搭配。平常我都是母親的角色，就是一個平凡人。」並且她對幸福有自己的見解：「幸福或不幸福，就是每個人怎麼看自己，其實每個人都有自己的煩惱和難題，但是要抱著積極的態度。我覺得幸福是自己爭取的。」

她面對生活的心態始終積極樂觀。她說：「其實每一段人生

中的經歷都是對自己以後的積澱。」

　　她這一生最大的失敗就是失去第一段婚姻。但是回首過往，她並不後悔，反而很感謝這段婚姻教會自己很多東西，讓自己成熟很多。「初戀的時候很單純，覺得女孩子要以家庭為主。讀完書也不需要有自己的事業，只需要結婚生子，一生就這樣過去，我也沒談過很多次戀愛就結婚了。所以我的第一次婚姻失敗對我來說是一個經驗，也是一個很好的教訓。讓我明白原來世界上很多事情並不是想像中那麼完美。這個想法讓我現在不怕面對困難，不怕面對壓力，我會用積極的態度去處理事情。我覺得積極地面對人生是很重要的。」

　　正因為不管遇到怎樣的坎坷，一路走來她始終能以一份淡然從容的心態去面對生活。就算身陷困境也能保持樂觀積極的心態，才使她擁有了一生的幸福。在歲月的錘鍊下，活出了屬於自己的美麗。

　　這樣美麗又有魅力的芝姐，值得我們每個人學習。

第六章　重返螢幕，英姿猶存

# 第七章
## 人人想做趙雅芝

## 第七章　人人想做趙雅芝

### ● 綻放優雅：趙雅芝的人生軌跡

#### 先有家庭，後有事業

1992年，趙雅芝憑藉《新白娘子傳奇》走紅之後，就很少出現在螢幕上了。這實在太不符合常理了，按照人們追名逐利的一貫做法，難道不該是趁著大紅大紫時多接片約，爭取事業再上一層樓嗎？但是趙雅芝就偏偏從公眾的視野裡消失了。其實她只是回家專心做妻子和母親了。

復出後，趙雅芝發現事業與家庭之間還是會有衝突，覺得對不起丈夫和孩子，於是隔一段時間就會放下工作陪他們。她曾在接受採訪時坦承：「我是一個把工作和生活分得很開的人，如果這兩樣有衝突，我的第一選擇是家庭。」

1984年，趙雅芝以第一主角演出了一部皇家女警電影《傻探出更》，此後就很少接片。1987年生下小兒子之後，更因三個兒子需要撫養而息影。在巔峰時期選擇隱退，回家相夫教子，人們問趙雅芝是否有遺憾，她的回答永遠都是：「我沒有遺憾。家庭更需要我，我就去照顧家庭。等孩子長大了不用操心，工作需要我時，我就去工作。」她最大的心願就是能當一個漂亮的好媽媽，就像她自己說的：「我想時代一天天進步，孩子們一天天長大，漂亮媽媽也應該能夠跟時代接軌，不斷提升自己，不

要落伍。要跟孩子們多溝通，要多關愛他們，自己除了要做個漂亮媽媽之外，做個好媽媽也非常重要！」

因為她總是這樣顧家，所以她在接拍《新白娘子傳奇》時對劇組只有一個要求：定時讓她回家看孩子。具體是拍十天就允許她回家，因為她要陪三個孩子做功課。

但是她知道工作也很重要，所以為了能有足夠的時間回家，在劇組時她就整天不休工，別人休息時，她都主動要求拍戲，工作起來可以說是夜以繼日。那段日子她在母親和演員兩個角色中來回切換，忙碌又充實。

趙雅芝在演藝圈是一個「拍片只看假期不看片酬」的巨星。這在當年實屬少見，在今天就更不容易了。

或許你會說，連拍戲都在操心孩子們的功課，趙雅芝一定很嚴苛。但是她與孩子們的相處更像是朋友關係。

2008 年，趙雅芝、黃愷傑母子倆第一次一起登上舞臺，站在大眾的面前。當時黃愷傑是以「媽媽的助理」身分出席，沒想到一到上海就陰差陽錯地被「借」去當某位女演員的紅毯男伴。從來沒有過這樣經驗的黃愷傑很緊張。他走下舞臺後，趙雅芝對他說的第一句話是：「你要練好國語，因為你溝通不好，講得不清楚，人家就可能誤會你。以後要做訪問，沒想清楚就不要做。」

2014 年冬天，由黃愷傑主演的電影《對不起，我愛你》上映。

## 第七章　人人想做趙雅芝

　　採訪中，他表示自己很緊張，也很期待能用自己的實力去打動觀眾，而不想要藉由「星二代」的身分走捷徑。記者問他：「首次拍電影，媽媽趙雅芝有給一些指導嗎？」

　　黃愷傑很認真地回應道：「我希望透過自己的努力去拍戲，所以我才會選擇去北京電影學院讀研究所。父母很少給我專業的意見和建議，一般我有什麼疑問會和學校的導師探討。在劇組時，就和導演溝通比較多，或者和前輩老師探討，比如一場戲怎麼處理會比較好。」

　　當記者問到拍攝期間母親有沒有去探班時，他回答說：「父親來過一次，母親很少來。這是因為我們達成過一個共識，就是他們會儘量不影響我的工作，所以探班會比較少。但我們幾乎每天都會通電話，了解彼此在做什麼，或者一起討論工作。」

　　比較好玩的是，他曾在參加某節目時表示自己兒時想成為一名飛行員，也有一個飛行夢。這和媽媽趙雅芝從小想當空姐的夢想不謀而合！而對於自己「星二代」的身分，他現在也變得不再過多計較，並表示：「這樣並沒有不好。但對於我來說，也意味著需要付出比別人更多的努力才能得到認可。我是一個追求完美的人，我喜歡打拚努力的過程。」其實在他的眼中，媽媽趙雅芝更多的時候只是一位家庭主婦，「可能在別人眼裡她很不一樣，好像不食人間煙火。雖然我知道她的職業是演員，但在我眼裡，她和普通媽媽沒什麼區別。小時候她會接我放學，會

幫我溫習功課。我甚至是到大學才看到她的作品《新白娘子傳奇》。」

之所以會這樣，跟趙雅芝對孩子的教育觀念有關，她曾表示：「我自己不會替孩子鋪路，他選了演戲這條路，我們就都有一個默契，不會很刻意地去為他鋪路。他應該靠自己的努力，畢竟他是男孩子，需要多磨練。」

除此以外，他們更像朋友關係。趙雅芝也很注重培養孩子的興趣愛好，平常都會鼓勵兒子多參加課外活動，比如彈鋼琴、游泳、打籃球。她從不勉強孩子，「主要看他喜歡什麼。」

黃愷傑在美國就讀大學，主修金融專業。大學畢業後，還是覺得對電影感興趣，就報考了北京電影學院表演系的研究所。他說踏進演藝圈其實是他自己的選擇，父母只是提醒他：「這個行業很辛苦，不是你想像中那麼光彩。」但他有自己的目標和偶像，他坦言：「自己很喜歡李奧納多（Leonardo DiCaprio），希望成為他那樣的演員。」

在對兒子的教育上，趙雅芝從未想過要把他培養成一個明星，但也不排斥和兒子一起拍戲：「完全就是看孩子個人的興趣。」

這位溫柔聰慧的母親懂得不向孩子施加不必要的壓力，儘量為他營造出溫馨舒適的環境，讓他們健康成長。因為這樣的貼心，趙雅芝多次被媒體評為「榜樣媽媽」。

第七章　人人想做趙雅芝

## 明確底線，成熟女性不曖昧（一）

鄭少秋和趙雅芝在一起締造了多部影視經典。許多那個年代的觀眾始終懷念年輕的他們，懷念那些經典的角色，「似乎只有他們兩人在一起合作，才能真正達到完美。」

兩個演員的合作，需要有靈魂的注入。對方的一個眼神、一個動作、一個微笑，不用多說，一切都能瞭然於心。或許是因為密切的合作，在臺下兩人也有非常好的交情。觀眾們每當提起其中一人，另一人便呼之欲出，那份默契不言而喻。

到今天，他們之間的友誼已經陪伴他們走過了 40 年之久。人生能有幾個 40 年？能夠經得住時間的考驗，這樣的友誼自然根深蒂固。

趙雅芝和鄭少秋十分有緣分。1976 年她剛進入演藝圈，就以女主角的身分演出許冠文的年度票房冠軍電影《半斤八兩》，憑藉此片在電影圈走紅；而鄭少秋這位無線電視臺力捧的當紅小生，也以電視劇《書劍恩仇錄》裡飾演的紅花會總舵主陳家洛一角，開始紅透香江，並影響至東南亞地區。

也許因為有了各自的輝煌，1977 年在公司的安排下，兩人第一次在電視劇《大報復》中合作。1978 年 1 月 2 日，TVB 開年大戲《大亨》開播，兩人在劇中又有合作。溫柔的趙雅芝、俊美的鄭少秋，很快就被觀眾公認為一對非常完美的螢幕情侶。

綻放優雅：趙雅芝的人生軌跡

談起與鄭少秋的合作，趙雅芝說：「一開始，我拍起戲來總覺得自己不投入，而且提不起什麼興趣。但自從《大亨》之後，我的思想有了一些改觀。尤其在與鄭少秋演了對手戲後，他絕佳的表現、精湛的演技影響了我，使我獲益不少。」

他們之間的磨合越來越好，有了更多的默契。觀眾的迴響也在促成這對金童玉女繼續合作。《大亨》不久之後，兩人又合作了電視劇《倚天屠龍記》。只是這次，他們無緣在戲中結為夫妻。他飾演了風流瀟灑的張無忌，而她卻飾演了心狠手辣的周芷若。但也正是這個角色，令觀眾看到趙雅芝在演技上的突破。她用她的實力告訴人們——除了演繹一些清純善良的角色，真要耍起狠來，她也非常厲害。

1979 年，電視劇《楚留香傳奇》播出了。這部劇令鄭少秋與趙雅芝這對螢幕情侶徹底走紅。一個是神采飛揚、風度翩翩的盜帥楚留香，一個是楚楚動人、情義滿滿的蘇蓉蓉。儘管楚留香的身邊美人如雲，可是最愛的只有蘇蓉蓉。

雖然在劇中他們最後未能開花結果，蘇蓉蓉宛如一朵初綻的鮮花落寞地凋謝在香帥的眼淚裡，觀眾卻記住了他們相愛時的點點滴滴。這部劇紅到什麼程度呢？據說在播出的時候，人們只知道楚留香的扮演者是鄭少秋，卻不知道《楚留香傳奇》的原著作者是古龍，古龍每次提及此事時還有些許「吃醋」呢。

到了 1980 年代，此時的「秋芝」搭配已是絕對的收視保證。

## 第七章　人人想做趙雅芝

TVB趁熱打鐵，為他們量身打造多部作品，諸如《飛鷹》、《烽火飛花》、《雙面人》等，同樣的演員，經典的組合，觀眾百看不厭。

當時特別受歡迎的香港雜誌《香港電視》以兩人的合照為封面，並且開闢版面大篇幅專門報導。記者採訪當時的趙雅芝，問她對秋官的看法。趙雅芝侃侃而談，對著鏡頭大讚：「誰不知他又叫做『鄭瀟灑』！」

做這段採訪時，記者探班《烽火飛花》劇組，並分別採訪「秋芝」。記者問趙雅芝：「妳認為怎樣的男士是完美的？」趙雅芝回答：「美與醜對男人來說不太重要，重要的是要有男子氣概，有男人味，思想成熟。」記者藉此打趣，問她覺得秋官如何，趙雅芝微笑著說：「他啊，他是有名的『鄭瀟灑』。不過，他的確沒架子，待人隨和，最喜歡講笑話，和他一起工作會感到特別輕鬆愉快。」

而記者在採訪鄭少秋時也故意「使壞」，問他怎麼看待選美的問題，秋官笑答：「是男人當然都喜歡美女啦！」又問他喜歡什麼類型的女孩子，秋官說他喜歡愛笑的女孩。繞了半天終究還是回到覺得阿芝怎樣的問題上，對此，鄭少秋的看法是：「她似一隻依人小鳥，令男人想要去保護她。」又說：「我同意呂良偉的說法，阿芝對人無心機，心無城府，與她交朋友信得過。」

其後，因鄭少秋與TVB約滿，趙雅芝也要照顧家庭，所以

兩個人一直沒有再合作。直到另一個巔峰時期——1992年播出的《戲說乾隆》中，趙雅芝一人分飾三角，她既是颯爽英姿的程淮秀，也是明豔照人的金無箴，更是愛憎分明的沈芳，鄭少秋飾演多情的乾隆皇帝。一部戲有三個角色的合作，喜歡「秋芝」的觀眾可謂是過足了戲癮。

雖然三段感情都沒能開花結果，但趙雅芝飾演的角色永遠地留在了螢幕上。透過這次合作，兩個人的友誼也更加深厚。

也許是因為經常合作，觀眾也很想讓他們從螢幕情侶變成真實情侶，加上很多媒體愛炒作，所以兩人之間也傳過一些緋聞。但是趙雅芝深諳這個圈子的規矩，她相信自己和秋官都是聰明人。她明確地告訴記者：雖然自己一直忙於拍戲，但是丈夫都會儘量陪自己。很多時候，丈夫會開車接送她上下班，所以公司很多人都認識他。

可見趙雅芝對自己的婚姻是十分保護的。而鄭少秋在公開場合被問及趙雅芝，也總是對她讚不絕口。他說他們曾不分晝夜地在一起拍戲，朝夕相對，共處的時間甚至比和家人還要多，對趙雅芝，他心裡自然是有一份真情在的。但他和阿芝都已是心智成熟的人，知道什麼該做，什麼不該做。「一個讓人心動的女子，並不一定要擁有她，遠遠欣賞就好。」

## 第七章　人人想做趙雅芝

# 明確底線，成熟女性不曖昧（二）

都說秋官和芝姐的關係是在戲中與現實中同時建立的，就像在趙雅芝所飾演的蘇蓉蓉的眼中，香帥是她的大哥，是她唯一可以信任的人，所以她才會毫無顧忌地依賴，無怨無悔地付出。

兩人初遇時，趙雅芝是剛進入演藝圈討生活的小妹妹，而鄭少秋已經是無線力捧的當紅小生，有了一定的「江湖地位」。趙雅芝曾說，她能有今天，離不開秋官無私的幫助和關懷。是啊，想起那些一起切磋演技的日日夜夜，其中的辛酸與成長，只有他們自己才能體會。

她忘不了秋官教自己演戲的點點滴滴，她說會永遠記得他的恩情。每當上臺表演，只要一旁有鄭少秋在，不管是演戲還是唱歌，她都能更加沉穩，因為她覺得心裡踏實。

在殘酷的演藝圈中，她是那種遇強則強的人。雖然剛開始會很難，但是只要有人指點一下，她很快就能領悟。幸運的是她遇到了好心的秋官。他們在戲裡有越來越多的互動，也一起參加各種節目。從1979年的「熱情桑巴」到1981年慈善運動會，從「1981TVB星光熠熠勁爭輝」的踢踏舞到1987年「TVB群星璀璨二十年台慶」……兩個人始終是螢幕上的最佳拍檔。

如果不是性情相投，他們怎會如此頻繁地搭檔出現？電視劇

裡合作的情侶組合很多，但是有哪一對能如他們這樣交心呢？

再看他們二人拍的合照，秋官總像個大哥哥一樣攬著阿芝。而前排的趙雅芝，正笑得一臉燦爛。這種默契絕對是演不出來的。

猶記得2005年5月分，在鄭少秋的演唱會快要結束的時候，身著黑色西裝的鄭少秋牽著一個女子的手緩緩地走到舞臺中央。那女子白衣飄飄，仙氣十足，定睛一看，正是觀眾喜歡的女星趙雅芝！上臺謝幕時，儘管臺上有著「一王四后」的陣容，但他始終緊緊地握著趙雅芝的手。她說他因為排練瘦了許多，令他感動到掉眼淚；為了慶祝他的演唱會成功，她撒嬌一樣地在他的額頭輕輕留下一個吻，被他戲稱「在這裡蓋個印」；《倚天屠龍記》的音樂響起，他望著她深情地說：「周芷若在這裡。」早期不管是在新加坡的演唱會，還是在臺灣的《楚留香傳奇》發表會，他們從來沒有分開過。

看著情如知己的兩人，長大後的我們終於能夠明白──男女之間不一定必須是愛人關係，有一種情誼比愛情更加長久、深厚。這種細水長流的溫情雖然不如愛情來得猛烈，卻會永遠烙在彼此的生命裡。

兩人最近的一次同臺，是在2015年的電視臺晚會。時隔多年，秋官再一次在舞臺上牽起了阿芝的手，一起演唱《戲說乾隆》的主題曲〈問情〉，絢麗舞臺上，相互對望的眼神，勝過了千言萬語，那一刻，他們彷彿從未分離……

# 第七章　人人想做趙雅芝

## 轉戰電視圈，對自我認知清晰

剛進影視圈時，趙雅芝也拍過一些電影。無論是在許冠文的喜劇電影《半斤八兩》，還是在吳宇森的電影《發錢寒》中，趙雅芝都有不俗的表現，這兩部電影讓趙雅芝的演技得到肯定。邵氏曾以高片酬邀請她簽長約，但是被趙雅芝婉拒。那個時候她心裡有自己的打算。她覺得拍電視劇更自由，她是個喜歡自由的人。「我喜歡電視劇的模式，電視劇有劇本，可以提前看劇本做功課，準備好了再上場。」

趙雅芝表示：「我可能是一個比較理性的人，或者說我在做一件事情之前希望自己能夠充分準備好。」

沉穩地演戲、生活、做自己，本來就是她的特點。

因為種種緣由，她在競爭更加激烈的 1980 年代中後期毫不猶豫地轉戰電視圈，並且將事業中心轉移到了臺灣，先後拍攝了《戲說乾隆》和《新白娘子傳奇》，都取得了不俗的成績。因為角色與個性的定位，趙雅芝以她楚楚動人的溫婉形象，不費吹灰之力就征服了臺灣市場，無數觀眾為她傾倒。她成為那個時代影迷心目中無可替代的優雅女神。

她的選擇與早期 TVB 另一位花旦恰恰相反，那就是人稱 TVB「一姐」的汪明荃。汪明荃的人生可用哥哥張國榮的一首歌來總結：「每一分鐘都在進取」。因為太過重視自己的事業，汪

明荃至今沒有生兒育女，如今我們依然能夠在舞臺上看到她活躍的身影。她還時常和她的先生合作表演。這樣一個熱愛事業的女強人，當然值得我們尊敬，她的努力也得到了回饋，三十多年過去了，誰不知曉「一姐」的威名。我個人非常喜歡她在紀念任白仙逝十週年晚會上，與哥哥張國榮共同演繹的粵劇《帝女花》。阿姐一身深紫色旗袍，精神飽滿，字正腔圓，一身貴族氣質令人難以忘懷。

趙雅芝則凡事以家庭為重。在1980年代片酬漲至最高峰時，為了要照顧孩子，她果斷拒絕拍戲。後來她的三個兒子各自成人，家庭幸福美滿。一切果真如她說的那樣，家庭需要她，就照顧家庭，可以工作了，她就認真回來工作。這樣的智慧，太令人豔羨。

或許是因為一直保持著與世無爭的心境，趙雅芝從未真正在意過媒體所謂的「四大花旦」之爭。在公司，她從不主動為自己爭取戲份和角色，公司給什麼就接什麼，認認真真、踏踏實實地盡自己的本分。她認為公司其實是一個大家庭，家就要「以和為貴，和氣生財」。她之所以有這樣的選擇，也是因為了解自己的特長，溫婉的淑女角色與她個人形象最契合。早期，她也曾在電影裡嘗試擔任「打女」，但終究不如溫婉淑女角色給觀眾留下的印象深刻。這正是她聰慧的地方——了解適合自己發展的方向，不過度在意媒體和觀眾的評價。

## 第七章　人人想做趙雅芝

再看現在演藝圈,有些明星常會因為被網友痛批「角色單一」而自暴自棄,貿然放棄自己的特長,去接一些根本不適合自己的角色,還美其名曰「挑戰自我」。戲演砸了不說,自我定位也越來越模糊,頗有「邯鄲學步」的意味。對此,徐克曾表示:「就連瑪麗蓮‧夢露(Marilyn Monroe)也曾試圖證明自己是優秀的演員,演過一些乏味的電影,正因為她嘗試演一些並不適合她本人的角色,反倒使自己黯然失色。」所以,為什麼要把趙雅芝變成一個不是趙雅芝的人呢?

正因為她對自己有清晰的認知,深諳自己的形象特點,所以飾演的多個角色,諸如蘇蓉蓉、馮程程、金無箴、白娘子等,都與她的個人形象完美符合,儘管有人評價未免有點單一,但是至少在演繹溫婉女性角色方面,她是舉世公認的「高人」。這也正是她的「殺手鐧」。

## ● 練習優雅:跟趙雅芝學做優雅女人

### 在正當最好的年紀去愛一個人

回首過往,你是否有這樣一種體會:很多計劃好的事情,因為一些瑣碎的原因被擱置,以為總有一天會去做,卻發現這

一耽擱就是好幾年。比如規劃好的假日出遊因為下雨而擱置；想買一款新手機卻因為錢不夠而放棄；等到天晴了，終於可以出門旅行，卻又失去了那份迫切的心情；等到終於存夠了買手機的錢，卻發現自己沒有那麼喜歡那款手機了⋯⋯

曾經有個朋友在讀大學時喜歡上了一個男孩。但是她覺得作為學生應該以學業為主，就默默地放棄了這段感情。畢業後，她很順利地考上研究所，後來又讀了博士。到今天，她到了40歲的年紀，卻突然對人生產生懷疑。好幾次午夜夢迴時她夢見那個男孩的身影。這些年，她雖然談過幾次戀愛，卻再也找不回當初那麼喜歡一個人的感覺。

最後她說：「感情這種東西，錯過了就是錯過了，可能這輩子也找不回來。」

還記得當年我剛大學畢業，有一天路過一家商場，透過玻璃櫥窗一眼就看中了一條白色洋裝。然而猶豫再三，還是因為它的標價過高而沒有買。過了半年，我還是非常惦記那件洋裝。再次來到商場時，它已經不見了，因為夏天已經過去。那一刻我終於明白了一個道理，喜歡什麼東西就去買，喜歡什麼人就去追，用最好的年華去愛，別給自己留遺憾。

趙雅芝21歲就嫁人了。對於她來說，擁有一個家庭，生一個孩子，是一件非常幸福的事。雖然因為種種原因，她的第一段婚姻並不算幸福，但她也從中有所收穫，擁有兩個寶貝。最

## 第七章　人人想做趙雅芝

重要的是，她沒有放棄對愛的追求，沒有放棄對生活的期待，才會順利展開第二段婚姻，用時間續寫幸福。

雖然成熟的愛情也許更安全，但是青澀的愛情卻可以留下一段美好的回憶。當你老了，再回首往事時，想起一生中第一次愛的人，那種感覺一定很美妙。

同一個人，可能你在 30 歲的時候不會選擇去愛，但是在 20 歲時會奮不顧身地去愛。

沈從文說「在正當最好的年紀去愛一個人」，趁著年輕，學會享受愛情。因為長大後的愛情，難免摻雜世俗的看法，變得不那麼純粹。

## 守護家庭，做一個溫柔女人

如果事業和家庭之間出現衝突，趙雅芝選擇的一定是家庭。縱觀演藝圈，大概多數明星會在自己的事業發展期，選擇放棄家庭。這種做法本身並無對錯，每個人都有選擇自己生活的權利。然而，趙雅芝創造出的經典角色之多，可能還勝過那些放棄家庭、衝刺事業的明星。

1975 年，趙雅芝演出校園劇《乘風破浪》，此後又在一系列影視作品中牛刀小試。但因為不是科班畢業，她在摸索的道路上吃了很多苦，「我沒學過演戲，也沒什麼基本功，遇到了很多

挫折。尤其是剛開始演戲時，有些劇情演得沒那麼到位，現在我看還是會有遺憾。」可以想像，能夠獲得後來的榮譽，這一切有多不容易。但是對於她來說，事業只是一份工作，需要認真對待的時候就認真對待，而家庭始終是她的歸宿。

如果家庭需要她，她可以在完成工作後很快回歸。

其實她嘗試過很多角色。1979年，她在許鞍華導演的電影《瘋劫》中飾演了一名殺人犯。這個角色冷靜而深沉。「內心戲很多，對我來說算是與以往角色非常不同。」為了認真揣摩角色，她將自己封閉起來。那段時間，很多同事發現她似乎有些走火入魔，幾乎被她嚇到。這樣的努力，終於獲得豐厚的回報。影片上映後，立即打破當年的香港藝術片票房紀錄。

後來，她終於找對適合自己的戲路，先後塑造了蘇蓉蓉、馮程程、白娘子等一系列溫柔如水的女性形象。雖然觀眾開始批評她的角色單一，但她自己從容淡定，「溫婉其實很難演，你要讓人家覺得自然而不是做作。」

此後她離開香港，轉戰臺灣，用作品《戲說乾隆》和《新白娘子傳奇》徹底征服了臺灣乃至中國觀眾，成為傳奇。她很欣慰自己能夠詮釋白素貞這個角色，也很開心二十多年過去了，還有很多人喜歡叫她「白娘子」。她很感恩自己能夠遇到這個角色，「對我來說，這是個很重要的角色。就像一座橋梁，把我跟觀眾的距離拉近，像親人一樣。」

## 第七章　人人想做趙雅芝

　　但是她卻並沒有在大紅之際選擇繼續發展，而是為了照顧三個孩子毅然隱退，相夫教子。「接戲一定要先把家裡處理好。那個時候小孩子學業很緊張，到了升學考試的時候，我沒有辦法工作，要盯著他們的功課。」而對此她也從未感到可惜，並坦言：「如果因為工作，不能陪孩子一起成長，才是我最大的遺憾。」看到這裡，我想到很多現代父母以為賺錢是最重要的事，以為錯過的父愛、母愛，日後可以用更多的金錢彌補。但是其實，在孩子關鍵的成長期，是最需要父母關愛的，一旦錯過，必將造成終身的遺憾。很多孩子在童年時代未能得到足夠的父愛和母愛。但是這個問題，在趙雅芝身上都不是問題。她來自一個傳統家庭，從小就認為：「婚姻和家庭是一個人的後盾。」所以她的想法很簡單，就是畢業後工作，然後戀愛、結婚、生小孩，一生就是這樣單純的幸福。

　　於是她 21 歲那年就嫁了人，為了照顧家庭和孩子，如日中天的趙雅芝毫不猶豫地拒絕了嘉禾等公司的多部影視劇和廣告邀請。離婚後，她甚至一度退出演藝圈，全心照顧兩個孩子。直到 1987 年，她接下電視劇《京華煙雲》，仍然堅持著每拍攝 10 天就抽出 3 天，回香港照顧孩子。

　　後來在製片人的誠意邀請下，趙雅芝答應復出，但是表明每年只接一部戲，並且只在暑假時期接戲，由此可見她對家庭的用心。

雖然第一段婚姻不完美，但是那之後，她又遇到了現在的丈夫黃錦燊。她很感恩上天安排的一切，令她在失去之後更懂得珍惜，所以對現在的家庭，她也有更多的關懷。

　　而她的丈夫也確實給了她想要的愛情。趙雅芝曾笑言：「只要時間允許，他都會陪著我去各地工作。」前不久，夫妻倆還在機場被拍到擁吻，那場面宛如新婚的小夫妻。

　　趙雅芝坦言之所以肯放棄事業照顧家庭，是因為她知道孩子的成長是很快的，「要是錯過了那段時間，便再也補不回來了」。而工作總會有的，錢是賺不完的，何況她工作也並非全部為了錢。

　　這樣的從容，令她一直都清楚自己想要什麼，上天也沒有辜負她，既給了她一個完美的家庭，又讓她的事業如此成功。

## 真誠地讚美你的伴侶

　　愛的本意應該是付出，而不是一味地索取。趙雅芝是一個非常懂得誇讚伴侶的人。在接受採訪時，她曾多次提到丈夫對她的關愛，也從不吝嗇在人前讚美自己的老公。

　　一個懂得感恩的人，歲月自然會恩惠於他。

　　世界上沒有一種保養品能讓人永保青春，但如果能保持樂觀積極的心態，毫不吝嗇地讚美自己的伴侶，時時看到對方的

## 第七章 人人想做趙雅芝

優點,就是一個充滿智慧的人。

身在魚龍混雜的演藝圈,趙雅芝這樣一個大美女,自然容易受到異性的追捧。她的第一段婚姻,就是因為丈夫不信任自己,而導致家庭破裂。與她合作的男演員,大部分都是相貌堂堂又很有紳士風度的男人,放在普通男人眼裡,難免會有嫉妒心。但是黃錦燊卻做到了百分之百的信任。

而趙雅芝也沒有辜負他的一片深情。在拍攝《戲說乾隆》時,她在接受採訪時就曾表示,丈夫經常會來探班,有時候忙完自己的工作會開車來接她下班。這既是夫妻之間的信任,又很明確地對外證明自己的清白,將緋聞的發生機率降到最低。

一個聰明的人,總是懂得在合適的場合認真地讚美自己的伴侶。這樣既能加強對方對自己的好感,又能促進彼此關係的融洽,何樂而不為?

積極地面對一切,用雙眼去發現這個世界的美好。以下介紹的幾種方法,可以有助於保持樂觀開朗的心境。

羅列使你感激的事情。無論生活是好是壞,都應懷抱一顆感恩的心,世事滄桑,不忘保留一份童真;善待自己的家人和朋友,珍惜你所擁有的每一個當下。

簡化你的生活,及時處理那些冗雜或不需要的舊物。你會發現我們每天晚上只能睡在一張床上,每天只能穿一套衣服、

一雙鞋出門,所以東西並不是越多越好。超出自己能夠掌控的範圍,它們反而會變成你的負擔。

保持對生活的熱愛和新鮮感。嘗試一些新鮮的事物,別把大好的時光浪費在抱怨和一些負面情緒上。換一個髮型、養一盆植物,或者尋找一條新的路,這些都能為生活帶來改變,重新審視周遭的一切。

在經濟條件允許的情況下,也可以讓自己放個假,約知己好友前往山清水秀的地方,或者獨自搭車遠行,感受不一樣的風土人情。

適時誇讚自己、誇讚伴侶和身邊的朋友。帶著一份愉悅的心情開啟一天的生活,你會發現生活正在變得更輕鬆。

多和朋友在一起談心或是逛街喝茶。人具有一定的社會屬性,要多和興趣相投的朋友聯絡。愉快的事情一起分享,痛苦的經歷也能一起分擔。記住,不管遇到什麼事,你永遠都不會只是一個人。

心態決定生活品質,一個愛讚美他人的人,運氣不會太差。

## 內外兼顧,學會平衡家庭和事業

《大西洋月刊》(*The Atlantic*) 曾刊登過一篇文章〈女人無法擁有一切〉。文章裡大肆宣揚美國前國務院高官安妮－瑪麗・

## 第七章　人人想做趙雅芝

斯勞特（Anne-Marie Slaughter）的觀點：「在當前的世界經濟和社會架構之下，女性在家庭和事業之間的矛盾將會長期存在，新時代所認為的『女人可以擁有一切』並不現實。」事實真的如此嗎？

有很多女性在結婚後，尤其有了孩子後，大部分都會以要照顧孩子為由，辭掉工作，擔任全職的家庭主婦。從此，她們不再是光鮮亮麗的職場女性，而是每天圍著孩子、奶瓶、尿布轉的全職媽媽。

我有一個朋友，生完孩子後一直猶豫自己到底要不要做家庭主婦，終於，在一邊工作、一邊帶孩子的過程中，她覺得太過辛苦，上個月選擇了辭職。原本以為，她可以按照自己的意願，開始全新的生活，這應該是件好事。可是沒想到僅僅過了一個多月，她就打電話給我，抱怨帶孩子實在太無趣了，忙完孩子的事情也沒有人可以說說話，最重要的是，她現在沒了工作，不賺錢了，心裡總感覺不那麼踏實。就在昨天，她甚至跟我說她現在正在到處投履歷，如果哪一個公司肯要她，她立刻去報到！

從那個時候我才懂得，並不是所有的女性，都擅長處理事業與家庭的關係。很多現代女性甚至比男性更能幹，她們也渴望能夠擁有自己的事業，在職場上殺出一片天。對於30歲左右的女性來說，如何平衡家庭與事業的關係，就是一門大學問。

還有一些女性不願意和社會脫節。花自己的錢總是更心安理得。擁有一份工作，相當程度上代表著能夠把一份自尊握在手裡。那麼，她們該如何更妥善地平衡家庭和事業的關係呢？

　　女神趙雅芝就是一個很好的例子。她在最受觀眾歡迎的時候，為了家庭選擇隱退；當工作需要她的時候，再踏踏實實地回歸演員工作。正因為她在處理兩者之間的衝突時沒有絲毫的怨言，也沒有絲毫的焦慮，所以她能幸運地擁有事業與家庭。知名主持人楊瀾也曾說：「我曾經有個比喻：無論是男人或是女人都要擔『兩桶水』，這『兩桶水』分別是事業和家庭。有的人覺得，如果我只挑一桶水，會不會省點力，但是力學的原理告訴我們不會。你一隻手拎一隻水桶感覺很重，還不如拿一根扁擔，同時挑起兩桶水，這兩個水桶彼此間有一個平衡關係。每個人都要挑這『兩桶水』，人生這一路上肯定會有兩個桶不一樣重的時候，也可能會有灑出一點水的時候。不過每個人都在盡可能地平衡這兩個水桶，希望在到達終點的時候不要灑得太多。」

　　雖說魚與熊掌不可兼得，但是只要平衡好兩者之間的關係，就能從容應對人生路上的每個重要選擇。

　　想要妥善地解決這個問題，首先要建立起內在的平衡。不要帶著目的性的眼光去看待事業或者家庭，不要指望「一蹴而就」。市場上有很多速成班，恨不得讓你交完學費就能立刻出師，但是欲速則不達，很多事情需要透過過程去學習。一定要

## 第七章　人人想做趙雅芝

問清楚自己，你想要成為一個什麼樣的人，你的追求是什麼？

每一位女性都有很多社會角色：女兒、妻子、員工、母親。在每一個階段，要分別對這些角色有比較清晰的認知。比如，在孩子 5 歲之前，一般人會將母親的角色看得更重，此時可以找一份相對輕鬆一點的工作，以保留精力去撫養孩子；但是等孩子成年後，他擁有了自己的生活，便可以重新確定身分。如果此時你想更認真地工作，那就去工作吧。

其次，要學會權衡所扮演的角色。不要將工作上的煩惱帶回家裡，也不要把對同事的意見發洩給你的伴侶。家庭和辦公室是兩個完全不同的場合，你的角色也是不同的。

最後，合理地分配時間。人的一天只有 24 個小時，這些時間注定無法保證你處理所有的事情，畫好你的重點。時間也是一筆昂貴的財富。如果你打算見朋友，就不要因為沒時間忙工作而懊惱。如果你打算做文案，就不要為了沒陪孩子而傷心，要知道時間是固定的，它只夠你拿來專心做好某一件或幾件事。

切莫貪心。覺得自己可以做好一切的人，到最後一定是什麼都做不好。

可以合理地安排一天的時間，比如上午集中精力處理工作，下午去會見重要客戶，而晚上的時間，則可以留給自己，無論選擇睡個好覺，還是看一場電影，只要覺得舒服，就算達成了目的。週末把時間留給家人，跟他們一起好好放鬆。

這樣進行一段時間，你就會發現規律的生活能讓身心變得輕鬆。就像女神趙雅芝，只要能合理地利用時間，妥善地扮演各個角色，就能在這場「戰爭」中獲得最終的勝利。

第七章 人人想做赵雅芝

# 第八章
## 不老女神趙雅芝

## 第八章　不老女神趙雅芝

### ● 綻放優雅：趙雅芝的人生軌跡

#### 是超級偶像，但是沒有偶像包袱

曾經她是螢幕上溫柔如水的蘇蓉蓉、敢愛敢恨的沈芳、淡泊名利的金無箴、最美的賢妻良母白素貞⋯⋯或許是因為這些角色溫婉動人，人們自然而然地認為她是親切的、平易近人的。

消失於螢幕的那段時光，她努力地盡一個妻子、一位母親的責任。現在她的三個兒子都有了自己的事業，而她也開始重返螢幕，再次回到觀眾的視野。

這可不得了。人們發現已經63歲的她，身材依舊婀娜，面容光彩照人，整個人優雅又有氣質，好像時光在她的身上停住了。人們不禁高呼著：「芝姐！女神！」

憑藉「溫柔如水」的氣質，她受邀代言了很多金飾品。商家們不但看中了她幾十年如一日的市場影響力，更看中了她平易近人的個人形象。

或許是太久沒有見到她的身影，最近幾年她露面的場合，活動場地常被人群擠到道路堵塞。觀眾們真是太喜歡和這位大明星見面了，很多人搶著要和她拍照。作為一個明星，她卻一點架子都沒有，反而不斷提醒大家注意安全，不要發生意外。

路上偶遇明星的事件常有。曾有一位網友就在飛機上偶遇了趙雅芝，當時他還沒有那麼喜歡她，或許是因為難得碰到明星，他拿著本子和筆小心翼翼地走過去請她簽字。就在簽完名後，趙雅芝抬頭看了他一眼。那一抹陌生又熟悉的微笑，喚醒了他內心的迷戀。從那之後，他真正淪為一個「芝迷」，「我從來沒想到那麼有名的一個明星，竟然真的沒有一點架子，而且那個笑容真是太溫暖了，我當時就決定這輩子都要追隨她。」

　　據說在錄製電視節目時，她一下車就對前來迎接的工作人員說：「抱歉，真是讓你們久等了。」令那些比她小了30多歲的女孩們感動不已。

　　還有一次，粉絲們知道趙雅芝過生日，大家一起商量好來到她拍廣告的樓下等待。而得知有人在等自己的趙雅芝一忙完廣告的拍攝，就急匆匆踩著一雙「恨天高」下了樓。她走得那樣焦急，都忘記自己是腳踩高跟鞋的人。等見到了粉絲們，她一下子衝到她們面前逐一送上擁抱⋯⋯用粉絲的話說：「反倒是給了我們很大一個驚喜。」

　　溫柔的趙雅芝，不管是在螢幕上還是舞臺下，她始終都是那個充滿陽光的人。很多粉絲因她的優雅稱她為「女神」，對這個稱呼，趙雅芝本人的觀點卻是：「很多時候觀眾朋友用『女神』稱呼我，我覺得我寧願他們用朋友來稱呼我，朋友好像比較接近，沒有距離感。」

## 第八章　不老女神趙雅芝

趙雅芝在為《青花》做宣傳接受採訪時，曾公開表示：「其實我不贊成他們去我到的每一個地方來追著我，我覺得他們應該把時間花在更有意義的地方上。但是因為拍《青花》的時候剛好放暑假，他們給我一個理由就是放暑假了，家裡面也允許他們過來看我，所以我也不能嘮叨太多。因為他們一直說我嘮叨。我說如果真是這樣子，家裡面同意、時間許可的話，那就來吧。其實我拍戲會去很多地方，我去了當地他們再來看。記得拍戲最難忘的一件事：有一次，剛好是非常熱的夏天，他們對我非常好，知道我在當地吃不慣，因為當地的食物很辣、很油，他們就替我去找比較適合我胃口的食物，讓我非常感動。但是另外一方面，我又真的害怕會花了他們太多自己的時間，所以我感到兩難，我很感動，但是我又怕如果鼓勵了他們，他們會繼續這樣浪費了自己的很多寶貴的時間。」她一再表示：「雖然很感謝粉絲們對我的喜愛，但還是希望他們努力做好自己的事情，這樣才是我最希望的。」

她還坦誠地說她喜歡生活賦予她的每一個角色：媽媽的女兒、孩子們的母親、螢幕上的演員、粉絲們的朋友……她說她對孩子們的教育一直都很開明，沒有傳統家庭那種「大人說話，小孩子插什麼嘴」的嚴苛，反而是「任何事情，孩子都可以自由說出他們的想法和意見」。或許正是因為這種開明，才令三個孩子對她的評價是：和媽媽就像朋友關係，相處起來非常自在。

關於芝姐的影迷，讓人感到出乎意料的是，裡面竟然有不少是只有十一、二歲的小朋友，對此，芝姐這樣解釋：「是像媽媽一樣的感覺，我自己覺得挺好的，我只有三個兒子，我的影迷好多都是女孩子，她們把我當成媽媽，我也把她們當成女兒，我們的感情挺特殊的。」有這樣一層親密的關係，相處起來就非常自在。這種關係說起來容易，做起來卻很難。很多時候我們難免會帶著工作、家庭賦予我們的角色來處理周遭的人際關係。其實仔細想想，很多角色是自己強加的，身為一個母親如果可以和孩子做朋友，平起平坐地分享和商量事情，那種感覺是很奇妙的。

從趙雅芝的身上，我們學到的是別人怎麼看自己不重要，重要的是自己如何看待自己。在演藝圈闖蕩多年，正當紅的時候，她也從未有過所謂的「偶像包袱」，而是做真實的自己。坦坦蕩蕩，或許是這麼多年仍有這麼多人如此喜愛她的原因。

## 熱心公益，愛心大使趙雅芝

要說起趙雅芝的公益行動，恐怕要說的內容很多。入行四十多年來，她所參與的公益涉及各地，公益內容涉及環境綠化與災區重建、婦女兒童健康與社會醫療事業等。她還親自授權由「芝迷」創辦的義工組織——「芝子花開」。可以說，即使是在相夫教

## 第八章　不老女神趙雅芝

子的時候,她平均每一個月也都會參與一次公益活動,為需要她的地方時時貢獻著自己的力量。

重返螢幕後,她的身影活躍在各大公益組織活動中。從 2003 至 2016 年,她所參與的公益活動不下百場——這在如今浮華喧囂的演藝圈或許算不上什麼大新聞,但是卻是實實在在的無私舉動,充分彰顯了她的人格魅力。

其中,2010 年趙雅芝接任「慧妍雅集」會長一職,並憑藉她的公信力連任兩屆會長。兩年間,她親自主持每年例行的「昂步健康行」,並積極參與各項慈善捐贈活動,在教育和社區建設事業方面給予極大的資助,由於她出色的表現,同年榮獲年度公益藝人稱號;2012 年 6 月,趙雅芝為山村小學裡的孩子們獻上愛心,此次活動共為學生們捐贈了 10 萬多人民幣(合臺幣 50 多萬)的捐款、書包以及其他學習用品⋯⋯

在各項公益活動中,趙雅芝非常關注貧困地區孩子們的教育問題。她作為愛心大使,提供孩子們溫暖的幫助。

對此,網路評價她說:「趙雅芝從香港紅到臺灣、中國及東南亞,被大眾譽為最具有東方美的嫵媚女子。她的一顰一笑令人著迷,她是高貴優雅仙姬的代名詞。」連金庸也說:「趙雅芝是東方美女的最好代表。」

「高貴優雅仙姬」以及「東方美」,是很高的讚譽。不僅針對她的外形,更針對她的善良與溫柔,可以說她是真正「表裡如

一」的美人。

有一句話區分「漂亮」與「美」的不同,我覺得形容得非常中肯:「漂亮的女孩子很多,但是她們身上往往帶著一種傲慢的挑剔;然而美麗的女孩很少,因為它要求有如水的溫柔、脫俗的氣質。」美是漂亮的昇華,是一種令常人羨慕的優雅。美是可以深入人心的,而漂亮只能給人留下膚淺的表面印象。

## 清華大學高材生

在這個日新月異、變化無常的世界,保持學習的能力是一件非常重要的事。隨時歸零,不斷學習 —— 如果一個明星能做到這樣,那真的說明她很了不起。

趙雅芝就是其中一個。2006年,趙雅芝在清華大學經濟管理學院學習高級時尚管理課程,並獲EMBA學位。

她為什麼要去學習這個課程呢?

隨著經濟持續快速的發展,時尚與奢侈品行業在全球逐漸突顯出巨大的潛力。同時,隨著國際品牌與全球行銷網路的發展,世界市場產業的競爭也越來越白熱化。紡織品、服裝、香水、化妝品、珠寶等諸多行業,都開始在品牌管理、商業模式、創新設計等方面展開更加深入的研究。

為了培養和提供這方面的人才,高級時尚管理課程應運而

## 第八章　不老女神趙雅芝

生。對時尚始終保持敏感的趙雅芝,在得知有這樣的課程開設後,毫不猶豫地報名參加,順利成為第一期課程班的學員。這樣的學習,不但讓她對時尚行業有了更多的了解,也在上課的過程中遇到了來自各行各業的優秀人才。

有一個朋友靠著自己打拚,擴展公司規模,他曾對我說:「妳要多學習,不要怕花錢,女孩子趁年輕,應該多多投資和充實自己,在工作之餘學一門技能,以後走到哪裡都不用害怕;更重要的是,在學習的過程中能夠接觸到來自各行各業的優秀人才,如果可以跟這些人成為朋友,未來妳的力量就是一個團隊的力量,那時就不容小覷了。」

在這個知識就是力量、人脈就是力量的時代,多學一點、多投資自己,總是沒錯的。俗話說「腹有詩書氣自華」,自己累積出的本事,走遍天下都不怕。

### 《我們來了》——趙雅芝來了

實境節目《我們來了》開播的時候,我驚喜地發現明星隊伍裡竟有趙雅芝的身影。在印象中,這些年她似乎從未參加過任何一檔實境節目,而且在演藝圈這麼多年,她始終都那麼低調,不喜多言。她的出現,令我對這檔節目產生一種特殊的好感,覺得它更真實,也更親切了。而 63 歲的趙雅芝也坦承:「其實,

來這節目的目的就是表現自己。」

永遠都忘不了節目開播的那個夜晚,當絕代佳人趙雅芝以一襲白裙亮相時,場下觀眾的呼聲有多高,而我內心的震撼又有多強烈。當晚關於她的社群網路討論話題十足,我們驚喜地發現,時光果然待這位佳人不薄,任多少年過去,她依舊是我們心目中那個溫婉動人的白娘子,而這次的亮相,堪稱「驚豔」。

「驚豔」之外,她給觀眾的感覺仍是親和力十足,臉上始終掛著優雅、有禮貌的微笑。按理說,這樣一個高高在上的「仙女」,有明星架子也沒什麼不可理解,但是她偏偏喜歡用溫柔如水的目光注視你,對待所有人都那麼彬彬有禮。

但是其實我和大多數觀眾一樣,在節目開播前就心存疑問,在一檔以運動為主打的實境節目裡,已經有 60 歲高齡的趙雅芝可以做得來嗎?我相信節目的編導一定也考慮到了這個問題。

但是她的表現出乎所有人的意料。在活動中她活力四射,積極地應對所有遊戲的環節。在拳擊賽中,與 1990 年代出生的對手展開激烈對抗,爆發力十足,簡直堪稱「老當益壯」。而在之後的澳門塔高空環圈計時賽中,她因為患有懼高症,沒辦法參加比賽,因覺得連累了團隊而流下愧疚的淚水,讓隊友十分心疼。

其實,懼高在明星中並不罕見。據說大明星鞏俐也是患有懼高症。在拍攝《霸王別姬》時,導演要求鞏俐從樓上跳下,她

## 第八章　不老女神趙雅芝

嚇到花容失色,最後喝了半瓶紅酒壯膽才完成拍攝。後在拍《天龍八部之天山童姥》時,因為要吊鋼絲,她嚇到差點哭出來。

在之後的遊戲中,趙雅芝卸下了女神的光環,忘掉自己的年齡投入其中。這份真實也感動了在場所有的人和電視機前的觀眾,以至於編導忍不住誇讚:「生活中的趙雅芝和螢幕上的形象差別不大,真的可以說是一本氣質修練的教科書。一顰一笑、一舉一動都非常優雅。」

優雅並不是坐著不動,只對大家露出迷人的微笑。她是真正投入每一項活動之中,並且把團隊的榮辱放在心上。她用行動向大家證明「美無關年齡,氣質戰勝一切」。

她始終很謙遜:「我國語不太好,說得比較慢。如果哪個字錯了,麻煩你提醒我。」之後的幾期節目,團隊的夥伴們也越來越喜歡她,臺灣偶像劇女王陳喬恩曾在節目中毫不掩飾地說,她非常羨慕趙雅芝的優雅,並說自己最佩服的嘉賓就是趙雅芝:「從她身上能看見歲月沉澱下來的那種優雅,有時候大家難免會累、會有點小情緒,但雅芝姐永遠都是那個內心最平靜、最有修養的、為人最好的大姐姐。」

也有很多後輩表示:「我是從小看白娘子長大的,看到她出現,覺得她是從畫裡走出來的美人。她很優雅,很安靜,話不多。」

不管是把參加節目當成是一項工作也好,還是當作是接觸新朋友的機會也罷,她和許多後輩一樣認真付出,腳踏實地完

成每一項遊戲。

仔細觀察就會發現，在一群人中，她永遠是話少卻會豎起耳朵認真聆聽的那個人。有很多次，陳喬恩和其他人向她討教不老祕笈，她都大方地分享自己的美麗心得，說話的語調不緊不慢，那一刻宛如一朵「空谷幽蘭」。

## 女神，你好！

錄製節目的時候，她的優雅和大方感動了許多人。《我們來了》的錄製導演這樣回憶她與趙雅芝第一次相見的情景：

「早上8點在《我們來了》宣傳片的拍攝棚裡，明星們陸陸續續地都到了。可是我無暇顧及其他，手心直冒著汗，在心裡無數次彩排著。不知該說雅芝姐您好還是趙老師您好？我是您的編劇還是我是電視臺的編導？哪一個比較正式？我五味雜陳地站在人群中，心裡就這麼糾結地為自己彩排。下午5點多，我的同事悄悄告訴我趙雅芝到了。我急忙走到路邊，車已到達，一行人從車裡下來。我來不及觀察他們，眼睛只死死地盯著中間的門，一襲無袖白色的裙子，就這麼優雅地出現在我的眼前。可是還沒等到我開口，對面就傳來一句『妳好呀，讓妳久等了，接下來的日子裡妳要多多幫助我了……』」

怎麼也沒想到，竟是這位大明星很有禮貌地先開了口。而更

## 第八章　不老女神趙雅芝

讓人感動的是，她主動打完招呼後，就緩緩地走到工作人員的身邊，把手輕輕地放在對方的肩膀。那一刻編導似乎受到了她的鼓勵，內心也不再緊張和忐忑。就這樣伴隨著一股優雅的香氣，她們開始了首次非常美好的面談。

這位導演說：「做了這麼多年的電視導演，第一次接觸這麼優雅而鮮活的人。」她還說：「她親切得讓人想靠近，端莊卻又令人充滿敬意，旁人只知道雅芝姐優雅，卻不知曉雅芝姐的優雅中包含著理解和寬容。」

節目的錄製和拍攝都是高強度的工作，為了盡可能地配合工作人員的工作進度，也為了隨時保持妝容的完美，她在工作人員休息的時候，也沒有到專門的房間休息，而是在椅子上安安靜靜地坐著。她是一個喜歡凡事有準備的人，但實境節目卻要求具備應對「突發狀況」的能力，面對與自己平時習慣完全不符的節目特質，她沒有選擇逃避，而是認真對待，因為做好節目對她來說才是第一位的。她永遠記得團隊的利益。因為深受粉絲的喜愛，每一個錄製現場都有大批的「芝迷」。她一有空就和粉絲們互動，並且告訴他們要乖乖的，不管自己錄節目有多累、場面多擁擠，總要上前為粉絲們送上自己的問候，像別人心疼她一樣去疼惜別人。

她的優雅飽含著一種不卑不亢、陽光溫暖、積極向上、為他人著想的品格。在節目後期的遊戲橋段裡，無論是學崑曲，

還是玩氣球,她都認真對待,實實在在地學習並投入。這對於她這個年紀的人來說,真是太難得了。

正是這一股堅韌的態度,讓她的優雅變得更加動人。要學習一項新的技能並非易事,除了反覆地練習,還要認真地揣摩,很耗費精力,但是趙雅芝卻很享受。她說自己很喜歡這種節奏,時間安排得井然有序,也讓她的生活變得充實許多。不管走多遠,她永遠都是那個熱愛學習的趙雅芝!

理性讓她充滿一種知性美。她曾多次坦言:「有時候為了一些採訪和錄製,自己會準備很久。」因為她只做有準備、有把握的事情。

她讓我們知道優雅並不是輕鬆得來的,要長久地修練。正是這種凡事不計麻煩、認真負責的態度,讓她綻放了東方傳統女性的美,在人間繼續書寫一段不朽的傳奇。

任歲月流逝,她美麗依舊;任時光荏苒,她容顏不改。

## 愛護後輩,溫暖如春

趙雅芝主演的《新白娘子傳奇》獲得「VIP摯愛經典電視劇」榮譽。

當天現身領獎時,趙雅芝身穿一襲紅裙,仙氣十足。上臺說起自己的心情,她面帶著微笑回饋觀眾對自己的喜愛:「非常

## 第八章　不老女神趙雅芝

感激觀眾對這部戲的喜愛。這麼多年仍那麼熱愛這部劇，覺得非常開心。」

專訪過程中，因參與演出新版《白蛇傳》意外走紅的兩位年輕演員也特別上臺與趙雅芝互動。當主持人問她是否看過新版的《白蛇傳》，趙雅芝非常優雅地誇讚兩個孩子：「我看過她們的表演，真的是太棒了。我覺得因為孩子沒有經歷過這些，能演得這麼好真的太棒了。」在聽說小許仙的扮演者竟也是反串之後，不忘對她們豎起大拇指表示非常讚賞，並且很感謝小白娘子和小許仙特別來幫她頒發這份榮譽。

爾後，她本人也分享了自己對這部劇的感受：「這部戲對我來說是非常難忘的，能飾演這個角色也是非常幸運的一個機會使然。當然對於我而言意義非常重大，這部戲就像橋梁一樣，讓我跟觀眾朋友們連線起來，所以我對這部戲有非常深厚的感情。」

最後的最後，她說：「感謝年輕的小戲骨們把經典傳承下去，同時也希望大家能給小演員們多一點鼓勵。」

她的一番話不禁讓人感嘆她真的很溫暖，時時不忘提攜後輩。

## 不老女神趙雅芝

　　進入演藝圈30年來，趙雅芝有眾多的優秀作品，從《彈指神功》到《英雄無淚》；從《傻探出更》到《瘋劫》；從《上海灘》到《新白娘子傳奇》，她用精湛的演技，演活了一個又一個角色，令觀眾留下深刻的印象，她的身影伴隨幾代人的成長，在觀眾的眼裡，如今60多歲的她，容顏不改，身材依舊，是一個不老的傳說，一個記憶中的女神，一個時代的傳奇。

　　趙雅芝的魅力也許就在於：她知道自己畢生追求的並不是萬人矚目的虛華生活，而是一個幸福的家庭。也有網友說：「趙雅芝的美，很難讓人挑出瑕疵來。165公分的身高，苗條又豐滿；細膩的皮膚光滑如玉；標準的鵝蛋臉潔白潤滑；靈動的雙眸明媚如秋水；高高的鼻梁、小巧的紅唇；笑時眼似新月，唇角彎彎；加之纖巧婀娜的身姿、優雅高貴的氣質，難怪有人用『巧笑倩兮，美目盼兮』來形容她……」

　　連她自己也說：「我覺得自己比較接近古典人物，更像出生在古代的女子。當然這不代表我不接受新事物，只是我更欣賞古典美，其實美的定義很難說，我認為自己還可以。」她又說：「現在我把表演當作一種對藝術理想的追求。」

　　從空姐到香港小姐，從演員到大家心目中被時光眷顧的女神，她真的美了一輩子。雖然沒有透過做空姐實現自己「環遊世

## 第八章　不老女神趙雅芝

界」的夢想，但是透過做一名為大家所喜愛的演員，她實現了這個夢想。

很多人向她「取經」，為何 60 歲還能有這樣動人的容顏，她總是保持著甜美的微笑，在她看來，美麗就是一種平和、自然的心態。

她的外在依然如綻開的水蓮，而內在則更加豐富迷人。作為演藝圈的人，她幾乎沒有負面新聞，可以說男女老少通吃。雖然近些年她鮮有作品問世，卻以另一種姿態（做公益、做慈善）活躍在大眾視野，親自授權「芝子花開」義工組織展開公益活動，還出任了香港慈善機構「慧妍雅集」主席（會長）的職務。

最近一次上新聞頭條，是她去敬老院探望孤寡老人的公益行程。照片中，趙雅芝身穿白色連衣裙，和敬老院的老人拉手合影。很多網友在看了這則新聞後紛紛表示：「女神不光外表美，心靈更美。」還有人表示：「希望以後能成為趙雅芝，優雅地慢慢老去。」

趙雅芝的優雅是一種習慣。

《新白娘子傳奇》要重拍的消息一經釋出，立即有記者採訪她，問她的意見，女神微笑著說：「我覺得重拍經典是好事。每一個年代都有很多不同的時代印記，每個演員也都有不同的演出方式，會帶給觀眾不同的感覺。」她表示雖然現在已經是網路時代，但她依舊保持著從前的習慣，非常喜歡讀粉絲的來信。

沒事的時候也會和他們在網路上互動。

她這樣地從容，彷彿時間在她身上停止了腳步。趙雅芝，我們心中的不老女神。

# ● 練習優雅：跟趙雅芝學做優雅女人

## 保持優雅的祕密武器

### ● 1. 充足的睡眠

趙雅芝不管是工作還是生活，都十分低調。從她的社群媒體帳號來看，她是一個非常熱愛生活並且樂於學習的人。她在接受採訪時曾說：「沒有特別的保養祕方，想要保持姣好的容顏，一定要保持正常的生理時鐘，首先一定要有充足的睡眠，不管多晚睡，都要保持 8 到 10 小時的睡眠時間。」

### ● 2. 良好的飲食

在飲食習慣上要講究：每天早晨可以喝一杯果汁，中午吃些清淡的食物，晚上看情況，如果很餓可以吃點正餐。但是餐桌上一定要有湯，湯的種類會依照季節準備材料。

吃的時候要注意，每餐吃到七分飽即可，不要太撐，切忌

## 第八章　不老女神趙雅芝

早餐和午餐一起吃,更不要吃得太甜或太油膩。

趙雅芝推崇吃得規律,均衡營養的健康飲食對美肌也有很大幫助。在她的社群帳號可以發現,她特別喜歡吃草莓和水蜜桃。

趙雅芝曾分享保養祕訣:「我的生活很規律,吃得很自然,不偏食。雖然吃得自然,但也不是素食主義者,也喜歡吃辣。我會注意營養的均衡,也會吃些粗糧糙米。多吃天然滋補的食材,比如燕窩、山楂、紅棗等。」

### ● 3. 學習穿搭,穿出自己的風格

平常要穿得得體、大方,可以先穿著比較舒服的衣服,然後慢慢形成自己的風格。如果是去參加宴會的嘉賓,則可以穿得正式一些。例如,橙色眼影搭配一件黑色的西服外套,胸前再別上一枚胸針,顯得大方得體。可以試試白色緊身長裙,優雅又幹練,也可以考慮紅色露背裝,大秀一把性感。

趙雅芝分享自己的穿衣心得:「參加宴會時,衣著最好不要搶了主人的風頭。珍珠比較經典,寶石會很加分。」

### ● 4. 護膚:補水是護膚的第一步,女神也愛敷面膜

為肌膚補水是護膚的不二法寶,敷面膜是一種相對有效的方式,此種方法同樣深受女神的喜愛。

除了購買市面上的品牌,女神還會自己調製面膜來敷臉。

除了這些,平時還要注意多補水、防晒。不管是何種肌膚,防晒是非常重要的。

趙雅芝還曾轉發過用洗米水洗臉的方法,同時說:「能保持美麗,其實肯定有保養品的功勞。但最重要的是保持健康的生活狀態。我平常的作息時間比較規律,儘量讓自己不要太晚睡覺,保持充足睡眠。飲食上,不要吃得太飽、太油膩。我每一餐通常七、八成飽,少量多餐,多吃新鮮的蔬果。還有我會堅持健身。」

## 5. 保持良好的儀態

一個人的儀態影響了一個人的氣質,久而久之還會影響到魅力。評價一個人的儀態要看站姿和坐姿。

先看站姿。身體要保持正直,抬頭,挺胸,沒有含胸駝背的情況。俗話說:「站有站相,坐有坐相。」雖然蹺二郎腿是很舒服的,但是為了保持良好的儀態,站和坐的時候都要稍微注意,久而久之,養成了習慣,也就不覺得那麼難了。

## 6. 經常換換髮型,給自己一個新面孔

學會打理頭髮,經常換換髮型。買些搭配不同髮型的頭飾,小東西也可以帶來新鮮感。

不管怎樣的髮型,都要保持清爽乾淨。

第八章　不老女神趙雅芝

● **7. 保持積極樂觀的心態**

趙雅芝曾經說過一句話:「種種美容之道,最有效的一條是:心寬。」

有情緒沒關係,發洩過後讓自己趕快遺忘,不讓自己繼續沉浸在不好的情緒裡。她透露說,自己從來不生悶氣,並且每天保持著適量的運動。

除此之外,她保持年輕的祕訣還來自於愛情的滋潤:「先生的工作可以提前安排好,除了姊妹淘聚餐外,他有空就陪我。」說到夫妻之間的相處之道,趙雅芝則坦言:「彼此相互照顧,也要學著互相欣賞,不能覺得做什麼都是應該的,而要學會說謝謝。」

而在私下,她與粉絲的互動方式更是特殊——趙雅芝和她的影迷們默默做了 6 年公益,定期往災區、孤兒院、老人院捐贈物品。「我覺得人一定要樂觀,要有好心態,用正能量去感染身邊的人,這就是保養祕訣。」

趙雅芝認為:「心態年輕,才是真的年輕。」她曾在社群發文:「人生道路要看自己,好好地去創造和建立,有夢想就需要努力和堅持。」

她也坦言自己是理性的人,平時很少生氣。因為知道生氣也沒有用,保持良好的心態才是最重要的。「要是真的生氣就冷靜下來,走開一會兒,想想問題在哪裡,怎麼解決。」女神如是說。

正如她所說，女神對待工作一直都很積極，對待生活也一直充滿熱情。工作之餘喜歡欣賞美景，不讓自己的心為世俗的勞累所牽絆，逢年過節也在社群上和粉絲互動，開開玩笑，無傷大雅地調侃自己。她說：「保養的目的不是為了馬上年輕10歲，而是10年後，你周圍的人都老了10歲，而你還是10年前的樣子！」

由此可見，保養不僅是為保持年輕，而且是一種心態，是一種積極、優雅的生活態度，是一種精緻的生活，是一種快樂的心態。

## ● 8. 結交朋友，分享快樂

交幾個可以說真心話的好朋友。生活裡遇到不開心的事時，也能有個傾訴的人，他可以安靜地聽你宣洩，在你六神無主的時候幫你出主意。重要的是，讓你的心不再那麼焦慮。只有讓自己變快樂才是最重要的，快樂是自己給自己的。

女人一定要保持思想獨立，有主見、有自己的「三觀」、有上進心。做一個經濟獨立、不依靠男人、自強自立的女性，這樣才能活得自信，活得漂亮。

每天打扮得優雅得體，清清爽爽地出門。沒事常對自己笑笑，告訴自己沒有什麼困難過不去。

交幾個貼心的姊妹淘，平常多和她們聊天逛街，有心事了

## 第八章　不老女神趙雅芝

可以互相分享。不要把不痛快憋在心裡。

享受音樂和書籍，享受經典電影，熱愛藝術，為自己疲累的心放一個假。怡人性情，滋養人生。

沒事可以寫寫文字，記錄自己每一天的心情，未來回過頭來，還可以好好感受自己的人生。不留戀逝去的時光，一切應得的都有跡可循。

可以為孩子寫個成長記錄，記下他們成長過程中發生的事情。這是一件非常有意義的事情。

定期處理不要的東西，極簡的生活才能帶來一流的品質。穿不著的衣服，可以捐贈給需要的人，做做公益。

偶爾買一套不同風格的服裝，換換心情。

不要為別人所犯的錯懲罰自己。做了幫助別人的事情忘掉就好，不要指望以此為交換，讓別人也施惠於你。

趁父母健在時好好孝順他們，以免「樹欲靜而風不止，子欲養而親不待」。

和要好的朋友常聯絡，沒事聚聚會，會想起過往許多美好的時光。

或許時間會在臉上留下皺紋，會把眼角勾出細紋，會把黑髮染成白髮，但時間永遠無法帶走一個人骨子裡的氣質和優雅。我們的女神趙雅芝說：「時光積澱的是女人的柔美從容，時光映襯

的是女人的溫婉賢淑。而時光凝結出女人最美的氣韻,自生花香馥郁,便能予人芬芳……」

## 善於學習,用知識武裝頭腦

人生是一場不知疲倦的旅程,想要看到更高、更遠、更美好的風景,就需要隨時充電,不斷學習。

我們都渴望自己有一天能夠飛到高處,讓整個世界都能看到自己。但是夢想的實現需要不斷付出努力,而知識就是飛翔的翅膀。只有用知識武裝頭腦,才能獲得更多寶貴的經驗、更多優秀的技能,讓自己真正地出類拔萃。

學習是一種智慧的增長,它可以拓寬生命的寬度、加深人生的厚度、讓人心胸開闊,獲得更多精采。

成年以後,優秀的人依然保持學習的動力,養成勤學苦練的習慣。而平庸的人則將自己放逐在安逸的生活裡,令生命漸漸失去色彩。

你能想像嗎?如趙雅芝這般優秀的人,竟也會為了追趕時尚,重新走進課堂,撿起書本。懂得了這些,也就容易理解為什麼她每次出現在公眾場合,都衣著優雅,笑容甜美。她曾說,優雅是她的習慣。那麼,不斷學習、不斷前進,應該也是她的習慣。

在印象中,她特別喜歡穿白色的長裙,那一襲白裙飄飄,

## 第八章　不老女神趙雅芝

盡顯仙子風采。有誰能把已經 60 多歲的她和老年人這三個字連繫起來呢？看她那依舊婀娜輕盈的體態，邁著輕盈的步伐，你會覺得時光在她身上停住了腳步，女神是要這樣美麗一輩子的。

而她的美除了外表的溫婉大氣，更有內在的良好涵養。「腹有詩書氣自華」，她常在社群上分享自己最近看的書和有趣的句子，可見，學習已然成為她生活中很重要的一部分。

知識讓人變得有內涵、有教養。這個世界上並不都是漂亮的女人，但是只要肯學習，就可以透過後天的努力變得知性和美麗。而隨著時間的流逝、交往的深入，你將發現更多人喜歡的是內心的純淨與從容。

知性的女人猶如一株蘭花，清新淡雅，芳香四溢。這樣美好的女子，沒人不想要接近。

當然有了學習的意識還不夠，還要懂得學習的方向，如此才能事半功倍。像趙雅芝，她因為身處演藝圈，需要對時尚有更多了解，所以報選了高級時尚管理課程。同樣，在開始系統地學習之前，也要先找到自己的興趣點，有目的、有針對性地去學習。

可以先在紙上羅列出自己的興趣，比如音樂、閱讀、外語等幾個方向，從中找到自己喜歡的事，也可以根據工作需求或對未來的規劃進行安排。比如，假如你現在是一名文字編輯，未來想當平面設計師，就可以報設計班等。

制定計畫時，要合理貼切。先從日計畫、週計畫做起，等能夠嚴格達到目標後，再制訂月計畫、年計畫。

學會時間管理，善於利用時間，在一天中找到合適的時間完成學習。「萬事開頭難」，但是只要肯用心堅持，待它形成習慣，以後就能很自然地堅持下去。

學習是一件快樂的事情，不但可以讓自己有所改變，學習的過程中，也能結交志同道合的朋友。趙雅芝就是在上課的過程中，接到了主動找自己代言的廣告。同時學習又是一件非常枯燥的、需要下工夫的事情。

社會是最大的學校。人在社會裡學到的是人生經驗、生活經驗。可以說，我們呼吸的每一天都在學習，只要認真觀察生活，從人與事中不斷學習、總結經驗，就一定能獲得不少智慧，進而提高自己的能力。

只有學習才能成就自我，離夢想更近一步。

## 看重學歷，對自己嚴格要求

原本我是一個不注重學歷的人。以前的我總覺得只要有本事，走到哪裡都不用怕。但是後來，我漸漸領悟到，能夠獲得更高的學歷，這本身也是一種本事。

我有幾位朋友，因為從小家庭比較困難，所以他們上完國

## 第八章　不老女神趙雅芝

中，就輟學外出工作了。到今天我們再相見時，他們依然會帶些苦澀地說：「你看你有學歷，可以找到一份體面的工作，而我們什麼學歷都沒有，只能在工廠工作。」被這樣誇讚的我並沒有感覺到一絲的自豪，反而有些難受。我知道他們的內心一定很不好受。

喜歡也好，拒絕也罷，在現代社會，學歷是一張通行證，它能幫助你獲得一份更體面的工作、擁有更高的職位。曾經我很想到某出版社工作，但是就因為學歷低，在二輪面試的時候遭淘汰。雖然學歷並不能代表一切，但是關鍵時刻它代表一份能力。

有高學歷的人可能會比普通人更知性、更有魅力。受過高等教育的女性，會更加懂得自己想要什麼，從而獲得更高層次的人生。

高學歷也是對自身能力的一份證明。能夠被優秀的大學錄取，本身就是一種榮譽。而這種榮譽又會帶給你更多的自信，令你對未來充滿信心。

高學歷的背後是一段為了實現夢想，努力奮鬥的記憶。而努力奮鬥的人都值得尊敬。外表優秀如趙雅芝，不但注重外表，更懂得修練內在。大紅多年之後，還利用閒暇時間充電學習，最終獲得EMBA學位。

其實演藝圈不乏這樣努力的明星，女星林志玲就是其中一

個。這位有著多倫多大學雙學位的美女，是演藝圈公認的高學歷、高情商美女。

高學歷背後代表著高智商和較強的學習能力。與高智商的女性相處更容易讓人心生愉悅，而較強的學習能力能為自己增添追求更完美生活的自信。

高學歷或許不一定讓我們的人生更加完美，卻可以督促我們朝著更高的目標進取。

學習的方式多種多樣。可以透過報考專門的興趣班、補習班，也可以購買相關書籍自行充電，有錢又有閒的情況下，還可以出門旅遊走四方，看遍大好風光，增長見識，也可以在日常生活中，與比自己優秀的人交談，學習別人身上的優點和特長，以此充實自己。

學習是需要付出心力的事，所以要為自己適時補充營養，透過攝取適量的蛋白質、鈣、鎂等元素，一日三餐均衡，維持身體的活力。

行走在廣袤的大地，我們心存夢想。因為對明天充滿希望，所以願意付出努力，去追求一個高能力的自己，就像女神趙雅芝那樣優雅、智慧、一生美麗。

第八章　不老女神趙雅芝

## 重教養，識大體

一個好脾氣、好性格的人，一定更容易被人喜歡。

趙雅芝之所以受人追捧這麼多年，除了因為她美麗嫻靜的外表，更是因為舉手投足之間的那份優雅。和粉絲在一起時，她從來也沒有大明星的架子，總是那麼平易近人，真正地把粉絲當作朋友。

我相信，芝姐的粉絲是幸運的。她原本是高高在上的女神，但是她卻執意走下神壇，用自身的親和力去感染別人，獲得更多的尊重。這就是有教養的表現。

教養是社會影響、家庭教育、學校教育和個人修養綜合的結果，通常指一般的文化和品德的修養。趙雅芝出身傳統家庭，從小就接受了很嚴格的家庭教育，所以教養一直很好。

與有教養的人相處，你會覺得自在。因為對方總是保持著良好的狀態，以溫柔的脾性接納和包容著周遭的一切，與他人建立良好的關係。

有教養本身就是一種莫大的社交魅力。透過以下幾種方法，可以有助於成為一個有教養、識大體的人：

一是要守時，不管做任何事，有教養的人從不遲到，對時間的尊重，就是對他人的尊重；

二是不要亂發脾氣，做自己情緒的主人。教養與一個人的學

識、地位都無關係，卻與一個人能否妥善管理自己的情緒息息相關。我們都見過那種因為一點事就對別人破口大罵的人，這就是典型缺乏教養的體現；

三是能夠認真聽取別人的意見。很多人固執己見，即便錯了也礙於面子不肯承認自己的錯誤，這種人免不了要走很多彎路。可以反駁別人，但起碼要在找到確切的反駁理由以後；

四是與人交談時注意交談技巧，不要想說什麼就說什麼。「眼睛是心靈的窗戶」，在和別人交流時，一定要認真看著對方的眼睛，保持注意力高度集中，而不要心不在焉，露出一副無所謂的樣子；說話的語氣要中肯，避免大聲喧譁，同時也不要小到像蚊子聲一般無法聽清楚。最重要的一點，不要當面指責對方，不要帶著某種情緒和對方交流；

五是不自傲。即便自己真的比別人優秀，也不要在人前擺出一副不可一世的樣子。要知道天下的強者很多，「三人行必有我師」，隨時保持一份謙遜的心態，與人為善；

六是做人要大度，不要斤斤計較。與人相處時不要因為一點小事就爭執，也不要把曾經幫助過別人的事放在心上，逢人就說；

最後，要學會關懷他人，富有同情心。

其實，日常生活裡的每件小事，都能顯出人的教養。比如，有教養的人都會在還別人東西時用雙手呈上；推門走在前面時，

## 第八章　不老女神趙雅芝

自然而然地為下一個人推著門⋯⋯

如果真的想做一個有教養的人，就要注意時時刻刻提升自己，久而久之也就習慣成自然了。

有教養的人就像一縷春風，誰能不喜歡呢？

# 附錄

## 趙雅芝部分重要影視作品

| 時間 | 影片名稱 | 飾演角色 | 角色身分 | 形象特徵 | 影響 |
|---|---|---|---|---|---|
| 1976 年 | 《半斤八兩》 | Jacky | 祕書 | 年輕、性情剛烈的職場女性 | 影片成為香港年度票房冠軍，又在日本等海外市場公開上映。 |
| 1977 年 | 《發錢寒》 | 瑪麗 | 義女 | 亮麗可人的美女 | 趙雅芝成為年度票房兩連冠女影星。 |

# 附 錄

| 時間 | 影片名稱 | 飾演角色 | 角色身分 | 形象特徵 | 影響 |
|---|---|---|---|---|---|
| 1978 年 | 《剝錯大牙拆錯骨》 | Angle | 打女 | 仗義、善良、能文能武的女子 | 由張雷、趙雅芝、關海山、劉國誠、張惠儀、陳立品、何柏光、周吉、曾楚霖等當紅演員主演，情節緊湊、高潮迭起。 |
| | 《倚天屠龍記》 | 周芷若 | 峨眉派第四代掌門人 | 清雅脫俗、秀若芝蘭的女子 | 1978 年至 1988 年趙雅芝被評為香港男士最佳夢中情人。 |
| 1979 年 | 《瘋劫》 | 李紈 | 阮士卓未婚妻 | 殺死出軌愛人的瘋女 | 影片打破藝術片票房紀錄、獲金馬獎劇情片獎，被稱為新浪潮電影代表作。 |
| | 《圓月彎刀》 | 青青 | 魔教教主之孫女 | 功夫獨步武林、無怨無悔跟隨著愛人的女子 | 同年趙雅芝獲香港十大明星金球獎。 |

| 時間 | 影片名稱 | 飾演角色 | 角色身分 | 形象特徵 | 影響 |
|---|---|---|---|---|---|
| 1980年 | 《英雄無淚》 | 蝶舞 | 舞姬 | 擅長跳舞的絕色美女 | 影片成為古龍武俠電影經典，被多次翻拍。 |
| | 《上海灘》 | 馮程程 | 馮敬堯的女兒，富家女 | 敢愛敢恨、清純如水、堅強善良的知識女性 | 趙雅芝憑馮程程一角被評為20世紀香港最難忘女主角之一；1990年《上海灘》獲無線舉辦「八十年代十大電視劇集」評選第一名；1999年《上海灘》被馬來西亞媒體評為20世紀華語電視劇百強評選第一位。 |

# 附錄

| 時間 | 影片名稱 | 飾演角色 | 角色身分 | 形象特徵 | 影響 |
|---|---|---|---|---|---|
| 1981 年 | 《失業生》 | 趙雅芝 | 明星 | 提攜新人的大明星 | 該片是香港早期青春電影的代表作品，引領了香港青春片的潮流，成為一代人的青春回憶。 |
| | 《女黑俠木蘭花》 | 木蘭花 | 打女 | 能文能武、美麗成熟、伸張正義的女俠 | 本片上映創造80%以上的收視紀錄，造成**轟動**，並且在美國、加拿大播映。 |
| 1982 年 | 《彈指神功》 | 蘇蓉蓉 | 楚留香的紅顏知己 | 溫柔體貼、善解人意、武功深不可測的神祕女子 | 趙雅芝以25萬港幣片酬成為華語圈片酬最高女星。 |
| | 《楚留香傳奇》 | 蘇蓉蓉 | | | 該劇上映創造77%收視率，引起**轟動**。 |

| 時間 | 影片名稱 | 飾演角色 | 角色身分 | 形象特徵 | 影響 |
|---|---|---|---|---|---|
| 1991 年 | 《戲說乾隆》 | 程淮秀 | 江南鹽幫幫主 | 颯爽英姿、俠肝義膽的俠女 | 該劇獲 1993 年第 11 屆中國電視金鷹獎優秀合拍片獎。 |
| | | 金無箴 | 江南刺繡女 | 溫柔多情、淡泊名利的淑女 | |
| | | 沈芳 | 俠客 | 敢愛敢恨、性情灑脫的俠客 | |
| 1992 年 | 《新白娘子傳奇》 | 白素貞 | 蛇仙 | 美貌絕世、天性善良的女子形象 | 電視劇先後在臺灣、中國和日本等地播映，曾獲多個大獎。 |

## ● 趙雅芝個人經歷

| 時間 | 個人經歷 |
|---|---|
| 1954 年 | 出生在香港一個商人家庭。 |
| 1971 年 | 畢業於香港天主教崇德英文書院。 |
| 1973 年 | 19 歲的趙雅芝獲「香港小姐」殿軍，被評為「最上鏡小姐」。 |

# 附錄

| 時間 | 個人經歷 |
| --- | --- |
| 1975 年 | 成為第一個同時橫跨喜劇、文藝、武俠三種不同電影風格的影星；同年嫁給第一任丈夫黃偉漢，婚後生育兩個兒子。 |
| 1981 年 | 因《女黑俠木蘭花》與現任丈夫黃錦燊結緣。 |
| 1984 年 | 因感情問題與第一任丈夫黃偉漢離婚。 |
| 1985 年 | 與現任丈夫黃錦燊在美國登記結婚，生下第三個孩子，兩人感情穩定。 |
| 1992 年 | 憑「白娘子」一角，以片酬 300 萬港幣成為臺灣影視圈片酬最高藝人。 |
| 1999 年 | 因主演多部劇集在中國大陸播放，《電影畫刊》專題報道「趙雅芝現象」。 |
| 2006 年 | 在清華大學經濟管理學院修習高級時尚管理課程，以優異的成績畢業並榮獲 EMBA 學位。 |
| 2010 年 | 獲「非凡魅力獎」、「永恆女性魅力大獎」。 |
| 2015 年 | 獲第十七屆華鼎獎「中國電視劇傑出成就獎」。 |

● 趙雅芝語錄

1. 美麗就是一種平和、自然的心態，即便不是一個天生麗質的人，只要擁有這樣樂觀、健康的心理，也一定會很好看。
2. 生活多美好，每天早晨我急急地睜開眼睛，注視外邊燦爛的陽光。我總是很激動，想著又可以高高興興迎接新的一

天、新的生活。過去的生活也好，現在的生活也好，未來的生活也好，我都用澄明的心情喜愛著、崇敬著。在歲月悠悠的河流裡，我們是蕩著生命之舟的一條船，點點滴滴的生活都那樣美好。

3. 女孩子要保持微笑，笑可以開朗自己的心境，也會讓別人更喜歡妳。

4. 作為女孩子美麗與否的標準：待人真誠，心地善良，有實際才幹。

5. 一個優秀的女孩子要有成長經歷，不能學會在成長中累積經歷，即使活到100歲，那麼妳仍然是幼稚的。

6. 女孩子的眼淚是最珍貴的，要等到最開心的時候才流。

7. 美該有深度、有內涵。品格最重要，保持自信，本著宗旨去做人。

8. 有婚姻、家庭、孩子的牽絆，事業多少會有影響。我知道有人說我傻，但是他們不是我，不知道我想要的是什麼。

9. 我是一個普通的女人，我有我的家庭，撫養孩子是做母親的責任，錢再多，事業再好，沒有家庭還有什麼用？紅了又怎麼樣？紅得發紫又怎麼樣？

10. 作為母親，我對孩子們的要求很簡單。我只希望他們能明白是非、黑白、善惡，做一個正直的人，凡事盡力而為，

# 附錄

做個有責任的人。在他們的成長中，做人處事都需要父母的指導，我對他們有責任，所以在照顧孩子方面花了很大的精力，我不會鎖定他們的人生目標，只是盡自己的責任去教導他們。每一個人際遇不同，志向和長大的決定都不是父母能控制的，只要他們快樂就好。

11. 做一個好媽媽至少能讓孩子在人生的旅途上走得平坦、安穩，為他們想得更周全，在子女心裡這就是對他們的支持；做一個好妻子，多少能讓丈夫享受安穩、平淡而幸福的生活，在丈夫心裡，你便是凝聚一切的人。

12. 曾經演繹過許多淒美的愛情故事，裡面的人們愛得那麼辛苦，似乎提醒人們既然愛得那麼辛苦，那麼對自己擁有的就要好好珍惜，不要計較代價。如果為了什麼原因不能好好地去愛的話，就不是真的愛了。

13. 我認為人應該珍惜和享受現在擁有的，不應該總是緬懷過去。不過從過去中獲得的經驗用於現在才是對的。我享受每一天，每天都是有價值的。放棄自己的一部分事業來維持家庭，我會有失落感，但是覺得把握好目前、做好眼前的事才是最重要的。只要抱著這種態度，也不用什麼特別的方法來平衡自己的心態。

14. 我把家庭的溫暖，把孩子的成長放在第一位。

15. 對婚姻，我覺得大家應該有一個共同的目標：忍讓、互相愛對方，如果大家的目標不一致，那婚姻便完了。
16. 人只能活一次，要好好地活下去。
17. 其實在每一個圈子裡都有壞人，最要緊的是本著宗旨去做人，就什麼都不怕了。
18. 演員也是人，是人就有她的喜怒哀樂。我也是個常人，我不認為嬌媚善良、溫柔多情就代表有女人味，基本上我同意女人是水做的，脆弱時如薄冰，執著時可以滴水穿石。
19. 我比較樂意去嘗試新鮮的事物，許多的事物剛開始都沒有經驗，全憑好奇心，不怕挫折，下定決心從實踐中提高自己。
20. 人生很多事情就像注定一樣，都是必然的，是躲也躲不掉的，人生遇到適合的便要爭取。
21. 如果每個人都能做好自己的工作，就能成為自己的偶像，平凡而偉大地活著。
22. 在演戲方面，我不會去刻意追求形象，好的劇本最重要。作為演員，我希望嘗試不同角色，突破自己以往的形象。只要先做足準備，我都有信心演好角色、演活角色。
23. 我承認外表的美可以討巧，不過我認為修身養性更受人尊重。藝人長得漂亮，別人比較容易接受，可能比較容易得

# 附 錄

　　到別人的重用,但別人經常會只注意你的外表,而忽視你的演技。

24. 我覺得是先有影迷才有明星。演員與觀眾的關係,就好比水與船的關係,一個沒有觀眾的演員,他的表演沒有任何價值。

25. 演員這個職業令我著迷,有好戲我會繼續演下去。

26. 好的導演是演員的一面鏡子,每一個演員都希望多照鏡子,透過向導演學習,提高自己的表演技能。

27. 很多年前我踏入演藝圈不久,還處於拚命廝殺階段,現在我可以自己安排自己的時間,這是自己爭取的,我很享受目前的生活狀態,更由衷地希望所有人都和我一樣好。

28. 只要有一天,觀眾還喜歡我演的戲、還希望看到我,那我還會把我全部的熱情奉獻在螢幕上。

29. 不知不覺間,我經歷了一連串的生活變故:情變、離婚爭子、再婚生子,就像是一部中篇電視連續劇,終於一切都穩定了下來,我做回自己的角色,我的正職是家庭主婦,我把家庭的溫暖、孩子的成長放在第一位,演戲是我的副職。

30. 孩子生下來,我們便要對他們負責任,要不然就不要生了,我不覺得帶孩子很累,相反地我覺得很有樂趣。母親

將注意力集中在自己的孩子身上，我認為是最自然不過的事，我想這就是愛吧！我還有很多的愛呢！

31. 孩子和丈夫對我來說是同樣重要的，只是孩子在成長中，為人處世都需要父母指導，我對他們有責任，所以在精力上可能花在孩子的身上較多。但丈夫是與自己同甘共苦過來的，是共同創造幸福家庭的夥伴，所以對我同樣重要。一路上會很難，但無論有多少風雨，經過多久，只要你誠懇用心去做，對方都會等候。

32. 我已經老了，早已配不起「美人」這樣的稱呼了。我不知道為什麼還會有那麼多人覺得我依然美麗。我已經 50 多歲了，早度過屬於「美麗」的年代了，如果說我現在還不醜，那也只是保養品的魔力吧。其實我認為美麗就是一種平和、自然的心態，即便不是一個天生麗質的人，只要擁有這樣樂觀、健康的心態，也一定會很好看。

# 附錄

## ● 趙雅芝精美詩作

### 新詩

生活多美好

每天早晨我急急地睜開眼睛注視著窗外燦爛的陽光

我總是那樣激動

想著又可以高高興興

迎接新的一天，新的生活過去的生活也好

現在的生活也好未來的生活也好

我都用澄明的心情去喜愛著，憧憬著

在歲月悠悠的長流裡

我們是蕩著生命之舟的一條船

點點滴滴的生活都那樣美好

且教我們成長

使我們有足夠的智慧

面向人生的風暴和險灘

為什麼我們要鄙棄生活

為什麼我們要悲苦著臉

老成而世故的人會說

生活是一連串痛苦的累積

我卻始終不以為然

曾經有過很多日子

我在生活的陰影裡走著

但是我還是仰著臉來笑

享受著生活賜予我的酸甜苦辣

活著已經夠奇妙的了

活著迎接並體驗各式各樣的生活

難道不是一樁更美妙的事嗎

我仍然會年輕美麗地活著

仍然心懷追求幸福的勇氣和決心

如果我這樣的年紀

依然可以擁有幸福和愛情

那麼，你也一定可以

## 孩子

小時候，我每天回家看見媽媽

心裡就覺得好溫暖、好親切

# 附錄

現在，我做了三個孩子的媽媽

我終於感悟到，小孩子長大的時間只有短短十幾年

他們成長的過程看也看不夠

我要用更多的時間來陪小孩

因此，無論是在國外還是在大陸拍片

我總是每個月回一次家

至於打長途電話和孩子們聊聊天

更是家常便飯

我只是希望孩子們能擁有快樂的童年

至於他們今後的發展，全看他們自己的興趣和能力

好在他們都像普通的孩子一樣天真可愛

並沒有因為他們的媽媽是趙雅芝而有什麼不同

祝願孩子們健康成長

祝願普天下的小朋友快快活活……

## 國家圖書館出版品預行編目資料

趙雅芝的永恆優雅，不老女神的美麗智慧：從螢幕經典到生活典範，優雅的祕訣並不難！趙雅芝背後的智慧，教你活出從容的美麗 / 沈念著. -- 第一版. -- 臺北市：財經錢線文化事業有限公司, 2024.12
面；　公分
POD 版
ISBN 978-626-408-109-2( 平裝 )
1.CST: 趙雅芝 2.CST: 傳記 3.CST: 演員
782.887　　　　　　113018340

電子書購買

爽讀 APP

## 趙雅芝的永恆優雅，不老女神的美麗智慧：從螢幕經典到生活典範，優雅的祕訣並不難！趙雅芝背後的智慧，教你活出從容的美麗

臉書

作　　者：沈念
責任編輯：高惠娟
發 行 人：黃振庭
出 版 者：財經錢線文化事業有限公司
發 行 者：財經錢線文化事業有限公司
E - m a i l：sonbookservice@gmail.com
粉 絲 頁：https://www.facebook.com/sonbookss/
網　　址：https://sonbook.net/
地　　址：台北市中正區重慶南路一段 61 號 8 樓
8F., No.61, Sec. 1, Chongqing S. Rd., Zhongzheng Dist., Taipei City 100, Taiwan
電　　話：(02) 2370-3310　　　傳　　真：(02) 2388-1990
印　　刷：京峯數位服務有限公司
律師顧問：廣華律師事務所 張珮琦律師

-版權聲明-
本書版權為樂律文化所有授權財經錢線文化事業有限公司獨家發行電子書及紙本書。
若有其他相關權利及授權需求請與本公司聯繫。
未經書面許可，不可複製、發行。

定　　價：299 元
發行日期：2024 年 12 月第一版
◎本書以 POD 印製
Design Assets from Freepik.com